Erobere deine Traumfrau 2

Walter Bodhi

EROBERE DEINE TRAUMFRAU 2

Frauen emotional gewinnen und die Geheimnisse der Nacht

Impressum

Bibliografische Information der Deutschen Nationalbibliothek:
Die Deutsche Nationalbibliothek verzeichnet diese Publikation in der
Deutschen Nationalbibliografie; detaillierte bibliografische Daten sind im
Internet über http://dnb.dnb.de abrufbar.
© 2020 Walter Bodhi (Herausgeber)
Umschlagdesign: ZERO Werbeagentur, München unter Verwendung von
Motiven von FinePic/shutterstock
Satz, Herstellung und Verlag:
BoD – Books on Demand, Norderstedt
ISBN: 9783750468467

Inhaltsverzeichnis

Haftungsausschluss

Dieses Buch hat den Zweck den Leser über verschiedene mögliche Phasen eines Flirts zu informieren. Bei den vorliegenden Inhalten handelt es sich lediglich um eine Beschreibung von Möglichkeiten, wie sich ein Mann einer Frau auf selbstbewusste Art annähern kann.

Ich weise mit diesem Buch niemanden an, die beschriebenen Techniken auszuführen oder die beschriebenen Wege so zu gehen. Das ist die eigenverantwortliche Entscheidung eines jeden Lesers.

Hierbei soll er auf seinen gesunden Menschenverstand zurückgreifen, um zu ergründen, ob das von ihm gewählte Verhalten, das sich an diesem Buch orientiert, in der Situation angebracht ist und von seiner Flirtpartnerin freiwillig angenommen wird.

Ich appelliere an dich, lieber Leser, bei all deinen Aktionen im Umgang mit anderen Menschen immer Klarheit über das Einverständnis und die Freiwilligkeit deines Gegenübers zu haben und stets den rechtlichen Rahmen zu wahren. Dieses gilt in besonderer Weise für die hinteren Kapitel dieses Buches, die sich ganz speziell mit der Intimität zwischen Mann und Frau beschäftigen. Gegenseitiges Einverständnis ist hier die Grundbedingung für die Anwendung meiner Ratschläge.

Einleitung

Hallo lieber Leser,

ich gratuliere dir zum Kauf des Buches „Erobere deine Traumfrau 2".

Sicherlich hast du schon durch das Lesen meines ersten Buches und das Anwenden der Flirttipps daraus wichtige Schritte vollzogen, um attraktive Frauen für dich gewinnen zu können. Auf diesem Grundwissen und den erworbenen Fähigkeiten baut nun diese zweite Schrift auf.

Im ersten Buch hast du sozusagen dein Fundament für eine ganz neue Dimension von Frauenerfolg gelegt und was das Flirten angeht mit Sicherheit Blut geleckt! Diese Grundlagen werden nun um fortgeschrittene Techniken, Sprüche und Methoden erweitert, die dein Rezept für einen Flirterfolg noch schmackhafter machen.

Fortgeschritten meint auf der einen Seite, dass du nach dem Lesen dieses Buches Dinge gelernt hast, die deinen Flirt enorm beschleunigen, sein Knistern länger haltbar machen und dir dabei helfen, dich noch mehr von all den anderen Männern abzusetzen.

Mit den „sechs Verführungsbeschleunigern" wirst du einiges an Fahrt in deinen kommenden Flirts aufnehmen, „Rapport und seine 5 Ebenen" schaffen eine dauerhafte Verbindung zwischen dir und der Frau und nach einer Einleitung zum Flirten in Bars und Clubs im letzten Buch offenbare ich dir in diesem Buch einen ganzen „Werkzeugkasten", um dort Frauen garantiert zu erobern.

Fortgeschritten bedeutet aber auf der anderen Seite auch, dass in diesem Buch die „späteren Phasen" eines Flirts genauer durchleuchtet werden. Intimität - also Sex und alles was dazugehört - und dein sicherer Weg dahin ist somit ein großer Eckpfeiler dieses Buches.

Viele der Themen und Techniken werden dabei vollkommen außerhalb der Zone liegen, die du deine Realität nennst. Tue dir den Gefallen und öffne dich für diese neuen Inhalte, um ganz objektiv beurteilen zu können, in welchen Punkten sie dir wirksam weiterhelfen und dein Flirten bereichern können.

Damit du alle Ideen und Ratschläge dieses Buch gut nachvollziehen kannst, verwende ich auch in diesem Buch wieder viele Beispiele aus der Praxis. Das Wort Praxis ist erneut wortwörtlich gemeint, denn dir ist hoffentlich klar, dass allein ein Lesen dieser Lektüre deine Flirtfähigkeiten nicht groß verbessern wird.

Vielmehr musst du die Entscheidung treffen, dieses Buch wie ein Arbeitsbuch zu behandeln, dessen Input du in so vielen Situationen wie möglich testen möchtest. Dafür ist es sehr hilfreich, parallel zum Lesen dieses Buches dir Notizen zu den wichtigsten Inhalten und Schritten zu machen.

Wenn du etwas nicht verstehst, dann lies es zwei- oder dreimal, da jede der hier enthaltenen Informationen von großer Bedeutung für deinen Flirterfolg ist. Setze dir anschließend Ziele oder kleine Schritte, wie du das erworbene Wissen Stück für Stück in deine Flirt-Praxis und deinen Alltag übernehmen kannst. Überprüfe für dich am Ende jeder Woche oder jedes Monats, ob du dabei wirksame Schritte gemacht hast, um noch besser mit dem weiblichen Geschlecht zu werden.

Wenn nicht, lies das betreffende Kapitel erneut und intensiviere dieses Mal dein Praxistraining.

Ich will dich an dieser Stelle aber gar nicht zu lange auf die Folter spannen, denn vor dir liegen viele wichtige, spannende und neue Informationen, die deinen Umgang mit deinen Traumfrauen revolutionieren werden.

Ich wünsche dir viel Spaß und vor allem Erfolg mit diesem Buch,

dein

Walter Bodhi

Kennst du folgende Situation: Es ist mal wieder Samstagabend, du und deine Freunde treffen sich, um einen Abend mit allem drum und dran zu verbringen. Feiern, Trinken und Spaß haben - alles soll dabei sein.

Ihr trefft euch zunächst zum „Vortrinken" - aber ohne Mädels. Anschließend geht's in eine gemütliche Bar mit möglichst gutem Preis-Leistungs-Verhältnis. Schon auf dem Weg dorthin taucht plötzlich eine hübsche Frau nach der anderen auf der Straße auf. Ist da irgendwo ein Nest?

In der Bar siehst du dann, wie mindestens jeder zweite Tisch voller anziehender weiblicher Wesen ist.

Später entdeckst du dann im Club eurer Wahl angekommen egal, wo du deinen Blick hinwendest, attraktive Frauen - sie sind einfach überall. Vielleicht kommst du sogar kurz mit der einen oder anderen ins Gespräch.

Aber bevor du dich versiehst, ist es vier Uhr morgens, die hübschen Frauen fahren alle nach und nach - entweder mit ihren Freundinnen oder ihren neuen Bekanntschaften - nach Hause und du stehst ganz alleine da.

Hungrig gehst du dann noch eine viel zu fettige Pizza essen, bevor du dich auch auf den Heimweg machst, allerdings ohne weibliche Begleitung!

Es ist schon lange her, aber glaub mir, es gab mal eine Zeit, da kam ich mir vor wie im Film „Und täglich grüßt das Murmeltier", denn das war eine ganz typische Beschreibung meiner abendlichen Wochenendausflüge.

Ich wusste einfach nicht wie ich mich in Bars und Clubs verhalten sollte, wodurch mir unzählig viele heiße Frauen durch die Lappen gegangen sind. Und jedes Mal danach habe ich mich so schwarz geärgert, dass ein Stück Kohle dagegen ganz blass wirken würde.

Wenn du diese Situation auch nur allzu gut kennst, dann ist dieses Kapitel genau richtig für dich! Aber selbst wenn du dich schon als erfahren und erfolgreich in Bars und Clubs siehst, lege ich dir dieses Kapitel genauso ans Herz. Denn hier erfährst du, wie du zur unvergesslichen Club-Bekanntschaft für deine Traumfrau wirst.

Übrigens: Hast du dich eigentlich mal gefragt, warum einige Männer immer Frauen mit nach Hause nehmen und andere Männer nie? Hast du es vielleicht schon einmal geschafft?

Und wenn ja, war das Zufall, war es Glück oder war es Können? Oder waren etwa der gute Ron Barcardi oder Sam Buca dein Freund und Helfer?

Auch diese Fragen werden sich im Laufe dieses Kapitel beantworten. Ein steht fest: Für mich gibt es keinen Zufall.

Ein Beweis ist, dass es Männer gibt, die es schaffen, immer eine Frau für sich zu gewinnen und das an absolut jedem Abend - vorausgesetzt sie wollen es natürlich. Und das kommt nicht von ungefähr, denn sie tun etwas dafür.

Ohne Flirt kein Preis:

Die meisten Flirt-Ratgeber, die man in Zeitschriften wie z.B. FHM oder Men´s Health als Beilage findet, beschränken sich meist auf das Kennenlernen in einem Café oder einer Bar.

Warum?

Weil es auf den ersten Blick so aussieht, als ob man an diesen Orten mit wenig Aufwand viel erreichen kann – egal ob man ein weibliches Wesen für denselben Abend oder etwas Langfristiges sucht.

Denn laut den Ratgebern muss man eine Frau nur mit einem guten Spruch ansprechen, sich dazu setzen und kriegt nach zwei Minuten und 3 Sekunden automatisch eine richtige Telefonnummer. Hört sich verlockend, oder?

Aber ich kann dir sagen: Wenn du langfristig Erfolg bei heißen Frauen haben willst, musst du Einsatz bringen – egal wie und wo, ohne Fleiß keinen Preis!

Es ist völlig egal, ob ich die Bekanntschaft einer Frau in einer Bar, in einem Café, auf der Straße oder im Club gemacht habe.

Überall galt: Von nichts kam nichts. Ich musste immer etwas dafür tun, damit es nicht bei einem kurzen Flirt blieb.

Die verführerischen Eigenschaften des Abends:

Wenn ich meinen Seminarteilnehmern erzähle, dass ich beim Ansprechen unterscheide zwischen der Straße, den Bars und den Clubs, klingt noch alles selbstverständlich für sie. Aber wenn ich damit fortfahre, dass das Ansprechen auf der Straße spätabends und in der Nacht für mich zur Kategorie „Bar" zählt, schauen einige doch etwas verdutzt.

Wie ich zu dieser wichtigen Einsicht gelangte, erkläre ich dir deswegen Schritt für Schritt...

Auf der Straße oder im Café hat man tagsüber einen großen „Mut-Bonus" sowie ein starkes Alleinstellungsmerkmal, da es nicht alle Tage vorkommt, dass eine Frau während des Tages angesprochen wird.

Am Abend sieht das aber ganz anders aus: Ich hatte mich neulich mit einem Freund darüber unterhalten, dass es nichts Lustigeres gibt, als abends mit ein paar hübschen Frauen auszugehen und zuzuschauen, wie sie eine nach der anderen „angebaggert" werden.

Entweder auf mittelmäßig gute Art und Weise oder so grottenschlecht, dass das Wort „Fremdschämen" eine neue völlig Bedeutung bekommt.

Deswegen: Je später der Abend, desto höher die Chance, dass Typen Alkohol trinken, ihre Hemmschwelle sinkt, und auch sie sich nach zehn Bier endlich „trauen" Frauen offen anzuflirten.

Daraus folgen zwei Konsequenzen für dich:

1. die Frau ist es schon gewohnt angesprochen zu werden.
2. Frauen ziehen ihre Rückschlüsse: Sie gehen auf Grund der Erfahrung davon aus, dass auch du eine nicht zu unterschätzende Menge an Alkohol zu dir genommen hast.

Somit ist der Mut-Bonus und dein Alleinstellungsmerkmal – auf gut Deutsch gesagt – für den Arsch.

Um zu sehen, wie du dem entgegen wirken kannst, gehen wir eine Ebene tiefer.

Fangen wir also zuerst mit den Eigenschaften eines Clubs an:

- Es ist laut
- Die Leute verweilen dort meist länger
- Es ist dunkel
- Es ist ein in sich geschlossener Bereich
- Leute kommen auch wegen der Musik
- Es gibt zum Teil sehr große Gruppen, z.B. Freundeskreise, Geburtstags-Partys und Vereine, bei denen sich alle untereinander kennen

- Einige Clubs sind mit dem Vorurteil „Abschleppschuppen" behaftet
- Dort wirken durch die „Geschlossenheit" eine sehr große Menge an sozialen Dynamiken, welche fast komplexer als jegliche Spiel-Theorien sind.

Das alles ist in Bars und auf der Straße nicht gegeben.

Vielleicht bekommst du nun allmählich eine Vorstellung davon, warum ich so gerne in drei Typen des Nachtlebens unterscheide.

Aber falls es dir zu komplex erscheint – keine Sorge, du brauchst eigentlich nur wissen, dass es diese drei verschiedene Typen gibt, um je nach Ort deinen Stil leicht anzupassen und somit deine Erfolgschancen zu maximieren.

Das Witzige ist, dass die meisten Männer nicht wissen, was sie mit den ganzen Vorteilen des Abends anfangen sollen. Sie lassen die ganzen Möglichkeiten verstreichen oder machen Fehler mit fatalen Folgen.

Beginnen wir mit den 6 häufigsten Fehlern im Club, die Männer machen

1. Fehler

Ich bekomme sehr oft mit, wie Männer Frauen ziemlich sicher „abschleppen" könnten, es sich am Ende aber doch verscherzen indem sie ihren Flirt „zulallen". Sehr schade, oder? Sobald du lallst, hat sie nicht nur die Vermutung, dass du dir deinen Mut angetrunken hast, sondern muss auch noch deine dicke Alkoholfahne ertragen. Der Teufel steckt also unter anderem im Alkohol. Ich möchte dir nicht das Trinken verbieten. Aber ich möchte dich dazu ermutigen, entweder in Maßen zu trinken oder auch mal freiwillig den Fahrer zu spielen. Denn das birgt auch noch viele weitere Vorteile für dich. So kannst du mit deiner neuen attraktiven Bekanntschaft zum Beispiel schnell aus dem Club an einen anderen Ort fahren.

2. Fehler

Viele Männer geben Frauen abends einfach nur Komplimente. Aber was für welche! Da stellen sich mir alle Nackenhaare zu Berge…
Ich bin sehr oft mit guten Freundinnen von mir unterwegs – und da habe ich von „Hallo, du hast aber schöne Augen." bis „Ey, geile Sau!" schon alles gehört. Komplimente sind eigentlich überhaupt nicht verkehrt. Im Gegenteil, richtig angewendet haben sie eine beinahe magische Wirkung.

3. Fehler

Einige Kerle scheinen so extrem ausgehungert nach weiblicher Nähe und Wärme zu sein, dass sie der attraktiven Blonden nicht nur den ganzen Abend einen ausgeben, sondern auch wie Sekundenkleber untrennbar an ihr haften.

Ich habe nichts dagegen Frauen etwas auszugeben. ABER dann sollte man im gleichen Moment auch seinen Freunden und ihren Freunden etwas ausgeben. Verhaltet euch nicht bei ihr anders, weil sie schön und dazu noch eine Frau ist. Denn das wird sie schneller vertreiben, als du bist Drei zählen kannst.

4. Fehler

Viele Typen gehen zu schnell zu stark ran.
Oft in Kombination mit unseren Freunden Ron Bacardi oder Jim Beam, die für ein kurzfristig erhöhtes Selbstbewusstsein sorgen. Die Männer gehen so hart und ohne Rücksicht auf Verluste nach vorne, dass die Frau sich nicht mehr sicher ist, ob da jemand von der Steinzeit in das Hier und Jetzt gebeamt wurde.

5. Fehler

Sie sind zu sanft oder mit anderen Worten „Das Schaf im Schafspelz". Sie stehen neben einer Frau und machen nichts, lächeln nur und hoffen, dass sie einfach aus Sympathie bei ihnen bleibt. Da sind die Frauen leichte Beute für jedes männliche „Raubtier", das ihren Weg kreuzt.

Zusätzlich reden häufig sie nur über Beruf und Hobbies, versuchen bloß nichts falsch zu machen unter völliger Vernachlässigung jeder Anziehung.

Zu guter Letzt: Numero 6

6. Fehler

Sie haben keine Ahnung, wie man die eroberte Frau mit zu sich nach Hause nimmt. Hier kann man wirklich sagen, der Teufel steckt im Detail.

Der Mann kommt bei der Frau gut an. Er „macht mit ihr rum", macht sie heiß und geht doch alleine nach Hause. Samenstau vorprogrammiert. Dieser Fall tritt jedes Wochenende unendliche Male ein, weil Männer ihre „Logistiken" nicht im Griff haben – **ein kleines Detail, aber doch fatal.**

All diese Probleme entspringen einer total verdrehten Überzeugung der Männer, warum Frauen überhaupt in Clubs gehen.

Nun lass uns jetzt den Abend noch einmal von Vorne beginnen. Und zwar so, wie er eigentlich sein sollte:
Um die Frage vom Anfang wieder aufzugreifen: Was ist der Unterschied zwischen einem erfolgreichen Verführer, der abends nie alleine nach Hause geht und denen, die nur durch Zufall ins Gespräch mit Frauen kommen, aber keine Nägel mit Köpfen machen können?

Es fängt an bei deinen persönlichen Glaubenssätzen – also den Einstellungen in dir, wie du diese Welt auf der wir leben siehst und interpretierst.

Glaubst du etwa Frauen begeben sich zum Tanzen und Trinken in einen mega- lauten, schweißtreibenden und überfüllten Club? Nein, denn Tanzen und Trinken könnten sie auch Zuhause oder auf privaten Partys viel günstiger und mit weniger Platznot. Und wenn sie rausgehen, warum brezeln sie sich dann so auf? Das alles muss doch andere Gründe haben.

Ich sage dir, wie es wirklich ist und gebe dir meine fünf wichtigsten Glaubenssätze zum Frauenerobern am Abend an die Hand:

- Frauen gehen abends aus, um Männer kennen zu lernen.
- Frauen ziehen sich schick an und verbringen Stunden vor dem Spiegel, nur um attraktiv für Männer zu sein.
- Jede Frau will Sex.
- Frauen machen es dir manchmal etwas schwer, nur um zu testen, ob du dem standhältst und dich somit als würdig erweist eine schlaflose Nacht mit ihr zu verbringen.
- Frauen wollen abends unbedingt angesprochen werden, denn sonst müssten die Schuhe nicht so schwindelerregend hoch und die Jeans nicht so knalleng sein.

Schreibe dir am besten diese fünf goldenen Regeln ab, lies sie dir selber mehrmals laut vor und häng sie zusätzlich an deine Wand.

Allgemein kann man sagen, dass abends die Zeit ist, zu der die Menschen – und somit natürlich auch das weibliche Geschlecht – am emotionalsten reagieren. Schon viele – gute als auch schlechte und böse - Politiker waren sich der Sache bewusst, dass abends der beste Zeitpunkt ist, Leute zu verführen.

Des Weiteren gilt für dich ab jetzt immer wenn es dunkel wird: Sei nicht mehr der Überleger, sondern sei ein Macher:

Und dafür gibt es drei goldene Regeln, die du ab jetzt selbst im Schlaf beherrschen solltest:

1. Du musst dir klar werden, dass du selbst den ersten Schritt machen musst und nicht warten kannst bis die Frau ihn macht!
2. Nach dieser Erkenntnis musst du sofort jetzt hingehen!
3. Du musst - verdammt nochmal - wirklich jetzt in diesem Moment hingehen, also mach es!

Auch dies solltest du dir hinter die Ohren tätowieren lassen.

Mit diesen neuen Glaubenssätzen und Regeln gehst du von nun an abends mit einer ganz neuen Einstellung auf die Jagd.

Der Abend beginnt meist in einer Bar, in die wir uns jetzt begeben.

Die klassische Bar im deutschsprachigen Raum unterscheidet sich von den angelsächsischen Bars in der Hinsicht, dass sie meistens eher Sitzplätze bieten, als Stehtische oder Theken. **Das hat Vor- und Nachteile.**

Beim Nachteil gibt es wiederum eine schlechte und eine gute Nachricht: Zuerst die schlechte Nachricht: Wenn du eine sitzende Gruppe, in der sich deine Traumfrau befindet, im Stehen ansprichst und du auch stehen bleibst, dann könnte das auf Dauer merkwürdig wirken.

Wenn man sich direkt zu einer Gruppe dazusetzt, kann das aber auch komisch erscheinen, da man plötzlich „reinplatzt". Die gute Nachricht: Ich verrate dir einen Trick, **wie du diesen Nachteil zu deinem Vorteil machst.**

Du gehst hin und fragst deine anvisierte Frau – und gleichzeitig die Gruppe:

> Du: „Ist der Stuhl noch frei?"
> Sie: „Ja"

Du setzt dich einfach da hin. Wenn sie Humor hat, lacht sie.
Sie dachte nämlich, dass du dir den Stuhl ausborgen wolltest.
Tja, weit gefehlt!

> Du: „Hey, ich bin der (Name), wie heißt du?" Sie: „Hi, ich
> bin Steffi.

Eine andere Variante: Du gehst direkt zu deiner Traumfrau,
sprichst sie ähnlich direkt an wie auf der Straße tagsüber oder
gibst ihr einfach ein Kompliment:

Beispiel:

> Du: „Hey Entschuldigung, das ist nicht so meine Art,
> aber du bist mir aufgefallen...und ich finde dich süß."

Oder:

> Du: „Hey, ich muss dir ein Kompliment geben. Die Art wie
> du an
> deinem Cocktail schlürfst, finde ich unglaublich niedlich."

Eine weitere Herangehensweise:

Du gehst rüber und sprichst die Gruppe an mit etwas zu der
Situation: Beispiel:

> Du: „Entschuldigung für die Störung, aber ich muss euch echt ein
>
> Kompliment geben. Ihr seid so eine sympathische Gruppe. Ich bin selten hier in der Stadt und da wo ich herkomme, findet man das selten."
>
> Die Gruppe: „Wo kommst du denn her?"

Und schon bist du drin!

Wer mal James Bond geschaut hat, wird den doppelten Blick vielleicht kennen. Er ist einfach genial – und zudem eine Möglichkeit auch etwas „Geplantes" sehr spontan und authentisch erscheinen zu lassen.

Stell dir vor, du fährst jeden Tag mit dem Auto, dem Fahrrad oder der Bahn dieselbe Strecke zur Arbeit. Und nach genau 1,5 Kilometern ist auf der rechten Seite ein Park. Und wie jeden Morgen schaust du kurz nach rechts routinemäßig rüber zum Park.

Doch an diesem Morgen ist etwas anders, mitten im Park steht ein rotes Feuerwehrauto. Und das bemerkst du erst als du wieder geradeaus guckst. In dem Moment zuckst du aber ganz schnell wieder nach rechts, um zu überprüfen, ob du wirklich richtig gesehen hast.

Das kann auch mit Frauen passieren: Du schaust beim Vorbeigehen einfach lässig an die Bar rüber und wieder zurück. Und in dem Moment bemerkst du deine Traumfrau an der Bar. Und genau in diesem Moment wendest du dich ganz schnell nochmal in diese Richtung.

Hier gebe ich dir ein Beispiel wie du den doppelten Blick mit einem Gesprächsöffner verbindest:

Der dämonische „Gute Fee und böse Fee - Öffner":

Du läufst an zwei Mädels vorbei, die an einem Tisch sitzen. Du wendest den doppelten Blick an, gehst auf sie zu und sagst „spontan":

Du: „Ihr beiden seht genauso aus wie gute Fee und böse Fee."

Pause

Sie: „Wer ist die gute, wer ist die böse?"

Du: „Du (die Freundin) bist die gute und du (deine ausgewählte Schönheit) bist die böse Fee."

Sie: „Warum?"
Du: „Man sieht bei dir (der Freundin) die guten Absichten und bei
dir (der Schönheit) wachsen schon die Teufelshörner."

Die Schönheit spielerisch: „Hey, sowas kannst du doch nicht einfach so sagen!"

Du: (mit einem Zwinkern zur Freundin) „Du musst bestimmt immer deine Freundin zurückhalten, damit die keinen Unfug macht."

Wenn du es nicht schon – wie beim ersten Beispiel – getan hast, dann setze dich nach wenigen Minuten dazu. Dabei kannst du am besten gleichzeitig sagen, dass du gleich wieder weg bist. Das gibt den beiden das Gefühl, dass du nicht vorhast, den ganzen Abend bei ihnen verbringen zu wollen. Danach kannst du das Gespräch so fortführen, wie du es im Kapitel „Ansprechen auf der Straße" gelernt hast. Wie du ihre Nummer holst und weitere Schritte erfährst du noch im Laufe dieses Kapitels.

Später verlässt du dann mit deinen Freunden die Bar und auf der Straße erblicken deine Augen wieder einige attraktive Wesen.

Die Straße am Abend

In dieser Situation hast du die Möglichkeit genauso das Gespräch zu eröffnen, wie du es tagsüber auf der Straße tust. Auch wenn euer Weg zum Club nicht lang sein sollte, nutze die Möglichkeiten, die sich ergeben!

Hier ein kleines Beispiel zur Erinnerung, sprich sie an mit:

> „Hi, ich habe dich gerade gesehen und (Pause für 2-3 Sekunden, in denen du tief in ihre Augen schaust) ich musste dich einfach ansprechen / konnte gar nicht anders, als dich anzusprechen!"

Oder komme situativ mit ihnen ins Gespräch, indem du fragst, ob sie für heute Abend noch andere Tipps zum Weggehen haben oder in welchen Club sie gehen.

Und schließlich nach mehr oder weniger langem Warten an der Warteschlange geht es für dich endlich in den Club, wo du von einem wummerndem Beat willkommen geheißen wirst. Die Jagdsaison ist eröffnet!

Wenn du in Clubs erfolgreich sein willst, musst du attraktive Frauen anders als am Tag ansprechen und auch anders flirten. Hintergrund des etwas anderen Ansprechens im Club im Vergleich zur Straße sind die unterschiedlichen sozialen Dynamiken.

Auf der Straße hast du das Alleinstellungsmerkmal, dass du der einzige Mann bist, der sich traut eine Frau anzusprechen. In Verbindung damit verzauberst du eine Frau dort, wenn du dabei selbstbewusst und authentisch auftrittst sowie dich für längere Zeit am Stück eloquent mit ihr unterhältst.

Abends und vor allem im Club ist dieses Alleinstellungsmerkmal allerdings untergegangen, denn der Alkohol verhilft - wie bereits beschrieben - deinen „Konkurrenten" zu großem Mut, den diese ausgiebig zum Frauen „Angraben" und ungefragtem Zutexten benutzen – und das alles andere als gut.

Es gibt Tausende von „schlechten Sprüchen", die dem zarten Geschlecht schon lange aus den Ohren raushängen. Sie sind zu direkt, vulgär und gehen die Frauen übertrieben offensiv an. Jede Frau denkt sich dabei: „Hoffentlich ist der besoffene Typ gleich wieder weg."

Im Club aufs „derbste" angemacht zu werden, hat jede halbwegs attraktive Frau schon unendliche Male erlebt und deswegen eine gewisse Resistenz gegen dieses schlechte Ansprechen.

Damit du nicht in dieselbe Schublade gesteckt wirst, wie die angetrunkenen „Baggerer", musst du abends also etwas anders flirten, als du es am Tag tun würdest. Du bist weniger auf sie fixiert, dafür versprühst du aber gleichzeitig mehr Lässigkeit und Coolness.
Du sprichst situativer und spontaner an und zwar nicht immer nur deine anvisierte Traumfrau, sondern auch gesamte Gruppen. Du unterhältst dich mit weit mehr Leuten, um die sozialen Dynamiken zu deinem Vorteil zu nutzen. Du klebst nicht an der Frau, sondern drehst dich weg, wenn du dich mit deinen Freunden unterhältst. Du gehst auch mal weg, wenn du dir ein Getränk holst.

In einem Satz: Die bezaubernde Schönheit ist hier nicht der Mittelpunkt deines Universums.

Zweiter Grundpfeiler deines Erfolges im Club ist die mentale Vorstellung, dass du alle anderen Leute schon kennst.
Verhalte dich einfach so, als wenn du mit jedem – egal ob Mann oder Frau - schon mal einen netten Plausch gehalten hast.

Diese Einstellung strahlst du nach außen aus. Sei nicht zu erstaunt, über die Ergebnisse wenn du dich mit einer fremden heißen Frau unterhältst, als wäre es eine gute Freundin von dir.

Aus dieser Einstellung heraus, zeige ich dir nun, wie du attraktive Frauen im Club ansprichst.

Gehen wir gedanklich für einen kurzen Moment aus dem Club in den Alltag. Stell dir vor, du siehst eine Frau vor dir, die genau das Buch liest, das du vor einer Woche gelesen hast. Stell dir vor, später siehst du eine Schönheit, deren Schuhe dich ernsthaft faszinieren, oder stell dir vor, du siehst eine Dame, die gerade genau das bestellt, was du haben willst: Was würdest du sagen?

Genau, du würdest das sagen, was gerade passiert. Also etwas, was der Situation entspricht – sprich: situationsbezogen. Genau darum geht es beim situationsbezogenen Öffnen eines Gesprächs. Natürlich kann man sich auch ein paar dieser Öffner für den Anfang vorfertigen. Ob du die situationsbezogen Öffner auswendig lernst oder tatsächlich spontan entwickelst, sei dir überlassen. Funktionieren tut beides. Denn situationsbezogene Öffner wirken immer sehr natürlich. Es kommt spontan rüber und nicht wie eine 0815-Anmache. Vor allem, wenn du es mit einem weiteren wichtigen Glaubenssatz für den Abend verbindest:

Wir sind alle auf einer Party, wir haben alle das gleiche Ziel – Spaß zu haben. Eine gewisse Sache verbindet uns also alle. Du kannst das Gespräch mit einem situativen Kompliment oder einer spontanen Aussage beginnen.
Beispiel:

> Du: "Mich faszinieren deine Ohrringe"
>
> "Sie: Danke"
>
> Du: „Ich suche für meine Schwester auch so etwas in der Art, aber das steht dir hier so gut, dass ich mich kaum traue es jemandem anderen zu geben."

Das Ansprechen muss nicht an eine Frau gerichtet sein, sondern kann auch auf die ganze Gruppe zielen. In dem Fall ist es aber wichtig, dass du das Kompliment begründest und dann eher indirekter weitermachst und mit allen Leuten aus der Gruppe redest – denn dann ist es wirklich situationsbezogen.

Eine weitere Möglichkeit ist es direkt mit einer Annahme zu eröffnen:

> Du: „Du siehst aus wie eine Münchnerin"

Oder wenn sie etwas macht, wie zum Beispiel rauchen:

> Du: „Wenn du nicht rauchen würdest, würde ich sofort um deine
> Hand anhalten."

Wie gesagt, Möglichkeiten gibt es wie Sand am Meer. Du musst nur ein waches Auge haben, um sie zu erkennen und für dich zu nutzen.

Beispiel: Der Club ist noch leer

> Du: „Meint ihr, es wird noch voller hier?"
> Sie „Ich weiß nicht, ich bin hier zum ersten Mal... Ich hoffe doch
> wohl."
> Du: (Begründest deine Frage, somit kommt es nicht als „schlechte Anmache" rüber): „Ja wir sind auch noch nie freitags hier gewesen, der Laden wurde mir aber von einer Freundin empfohlen.
> Sie: „Wo kommst du denn her?"

Wenn du sie mit einer Cola stehen siehst:

> Du: „Na, musst du heute auch noch fahren?"

Ebenfalls wie gemacht sind Situationen, in denen „etwas passiert". Hier kannst du ganz einfach zu einer Frau oder einer Gruppe einen Kommentar abgeben. Zum Beispiel fangen zwei Personen an, sich im Club zu streiten. Dann sage zu einer attraktiven Frau in der Nähe, die das auch beobachtet: „Na, die haben aber eine gute Laune heute."

Oft passiert es, dass trotz aller Vorsicht, bei Frauen das eine oder andere Wäsche- Schild rausguckt: Dann kannst du zu ihr sagen:

„Hey, dein Schild guckt raus!" und dabei zwinkern.

Eine weitere gute Situation ist auch immer gegeben, wenn eine Frau abseits alleine steht:

Du: "Wer hat dich denn da alleine gelassen?" (lächeln)

Oder mit etwas klassischem Charme:

Du: „Wer hat es denn gewagt, ein so niedliches und kleines Mädchen da alleine stehen zu lassen?"

Oder, mit einem offenen Lächeln:

Du: „Du siehst so gelangweilt aus.“

Wenn sie gerade in der Ecke steht und mit ihrem Handy schreibt:

Du: „Wenn er nicht sofort da ist, würde ich ihm die Hölle heiß
machen!“

Läuft eine schöne Frau mit einem Schmollmund durch die Gegend, kannst du sie antippen, deinen eigenen Mund berühren und lächeln. (Das ist nonverbal und zugleich sehr effektiv.)

Vielleicht siehst du eine Frau mit einem interessanten Oberteil: Dann gehst du hin und sagst:

Du: „Hey, du hast ein richtig cooles Oberteil.“

Sie: „Danke.“

Du: „Das wollte ich heute Abend eigentlich auch anziehen. Da haben wir aber Glück gehabt.“ (zwinkern)

Du tanzt mit deinen Freunden, suchst subtil Augenkontakt mit einer hübschen Dame und irgendwann nimmst du ihre Hand und ziehst sie leicht zu dir.

> Du: "Dein Tanzstil fasziniert mich irgendwie. Ich finde es voll süß
> wie du deine Ärmchen dabei bewegst." (richtig süß lächeln)

Und danach kannst du sie noch auf etwas aufziehen – (wie du eine Frau aufziehst, hast du ja bereits im ersten Buch gelernt). Oder: Bevor du sie zu dir ziehst, streckst du deine Zunge raus. Macht sie das auch, fragst du: „Hey, was streckst du einfach deine Zunge nach mir raus?"

Natürlich stehen dir auch alle bereits kennengelernten Gesprächsöffner zur Verfügung.

Der beliebte Mann

Während viele Leute immer nur neidisch und abweisend auf die anderen Club-Gäste schielen und lieber unter sich bleiben, bist du der „soziale Mann", der sich mit jedem anfreundet. Dadurch generierst du einen hohen sozialen Status. Das dieser sehr anziehend für eine Frau ist, muss ich dir wohl nicht erzählen. Viele Leute machen sich viele Gedanken, was sie im Club wie, wann und wo am besten sagen sollen. Wir wollen uns aber lieber Gedanken darüber machen, wie, wann und wo wir die Frau küssen oder nach Hause nehmen können.

Unser Investment beim Ansprechen sollte dementsprechend nicht allzu hoch sein. Eine Frau bemerkt positiv, wenn du nicht einen ganzen Gedankenschwall durch deinen Kopf jagst.

Beim „sozial sein" ist das Ziel viele Leute kennenzulernen, aber in die einzelnen Frauen nicht so viel zu investieren.

Das heißt aber nicht, dass es kinderleicht ist, denn es kostet auf Grund vieler Gespräche viel Energie, nur wird diese gestreut. Man kann sich das so vorstellen: Während du bei den anderen Methoden eher wie ein „Scharfschütze" agiert hast, der gezielt Frauen anvisiert hat und genau sie angesprochen hat, bist du jetzt derjenige der die komplette Ebene, sprich den Club anvisiert. Ich nenne die beiden Methoden „Scharfschützen-Methode" und „Plateau- Methode".

Bei der „Plateau-Methode" sollte deine Einstellung sein, dass du sehr offen bist, du jeden kennenlernen möchtest. Du könntest dir sogar vorstellen, dass du der Besitzer dieser Bar oder von diesem Club bist und deine Gäste dort alle kennenlernen möchtest. Du gehst in ein Gespräch rein mit dem Gedanken, als ob dir die Bar oder der Club gehört.

Gesprächsbeispiel:

> Du: „Hi, ich bin der (dein Name). Und du?"
>
> Sie: „Hi, ich bin 'ihr Name'."

Oder:

> Du: „Hi, dich kenne ich noch nicht"
>
> Sie: „Hi, ich bin 'ihr Name'."

Die drei Möglichkeiten ein Gespräch zu eröffnen zusammengefasst

Nun hast du das passende Werkzeug zum Ansprechen im Club an die Hand bekommen. Um diese für dich gedanklich besser zu ordnen, gebe ich dir dazu im Folgenden eine kurze Übersicht.

Die folgenden drei sehr effektiven Methoden zur Gesprächseröffnung hast du kennen gelernt:

- Die erste Möglichkeit ist es, mit einem guten Gesprächsöffner reinzugehen, der nicht zu direkt, aber irgendwie „cool" und „lässig" wirkt. Einige verstehen darunter auch „indirektes" oder „situationsbezogenes" Öffnen.

- Die zweite Möglichkeit ist es, mit einem guten Kompliment zu öffnen.
- Die dritte Möglichkeit ist es, einfach mit Leuten Kontakte zu knüpfen. (engl. socialisen)

Wir wollen an dieser Stelle dafür sorgen, gar nicht erst in die „Schublade der normalen Typen" zu geraten. Und dafür brauchen wir ein Alleinstellungsmerkmal. Und genau das hast du bekommen. Denn durch diese drei Wege haben wir dafür gesorgt, dass wir gar nicht erst in die „Schublade des Disco-Baggerers" geraten.

Somit sollte dem Ansprechen nun nichts mehr im Wege stehen. Jetzt hast du sie angesprochen, wie geht es weiter?

Nachdem du den Flirt nun eröffnet hast, ist es wichtig, ihr so schnell wie möglich Dinge über dich zu vermitteln, die sie an dich fesseln. Denn im Club sind viele andere Männer auf der Pirsch, die regelmäßig versuchen, dir deinen heißen Flirt abzujagen. Außerdem drängeln ihre Freundinnen die ganze Zeit. Deswegen musst du in den ersten Minuten richtig Gas geben! Damit sie sich nicht allzu sehr bedrängt fühlt, macht es durchaus Sinn ziemlich am Anfang zu vermitteln, dass du wenig Zeit hast. Vermeide über zu sachliche Themen wie nur über den Beruf zu reden. Denn der Abend ist nicht dafür da um Geschäfte zu machen, sondern um sich zu entspannen. Das gilt sowohl für Mann als auch für Frau. Du machst zunächst genauso weiter wie du es auf der Straße gelernt hast, indem du Vorannahmen über sie triffst.

Du: „Du bist bestimmt aus Hamburg"
Sie: „Ja fast, wie bist du darauf gekommen?"
Du: „Du machst so einen nordischen Eindruck, aber du kannst bestimmt auch erraten, wo ich herkomme oder?"
Sie: „Aus dem Süden."
Du: „Fast richtig, aus der Hauptstadt im Schwarzwald– die
wärmste Stadt Deutschlands"
Sie: „Ach Freiburg"

Du: „Kannsch des net höre? (zwinkern) ... aber
Kompliment an dich, die wenigsten kommen darauf. Du
stehst auch auf Mode oder?"
Sie: „Ja, wieso?"
Du: „Ich muss eingestehen, mir fällt erst jetzt auf, dass
dein Outfit für heute Abend besonders gut gelungen ist.
Gerade das Schwarz bildet einen super Kontrast zum
Blau. Hast du das alleine ausgesucht?"

Sie: „Oh danke, das hat mir noch keiner gesagt. Ja, das
habe ich ganz alleine ausgesucht"
Du: „Ja, ich glaube das wird der Grund gewesen sein,
warum ich unterbewusst auf den Norden bei dir getippt
habe, du hast etwas Kühles, Mysteriöses an dir ... aber
sowas mag ich gerne."

Das richtige Kompliment

Wo wir beim Thema Komplimente sind: 90% der Männer, die ich beobachtet habe, schaffen es tatsächlich die Komplimente vollkommen falsch zu geben – vor allem in Clubs und Bars haben die Komplimente deshalb langsam ausgedient. Dies haben die restlichen 10% sehr gut erkannt und schwören deshalb ganz von Komplimenten ab.

Es gibt aber einige wenige, die das Kapitel Komplimente noch nicht ganz aufgegeben haben. Denn: Komplimente an sich sind nicht schlecht, sondern werden meist nur schlecht angewandt.

Ein „Ey, du hast schöne Augen" ist einfach nicht geeignet, um einer Frau zu schmeicheln und dennoch verlässt es so oft die Lippen. Aber mit der richtigen Formulierung, kann man selbst das ausgelutschteste Kompliment zum Strahlen bringen:

> Du: „Weißt du was, irgendwie faszinieren mich deine Augen! Das Blau, was da durchschimmert, erinnert mich an das Meer von Ägypten, ganz klar und süß. Du hast echt sehr besondere Augen, hat dir das schon mal jemand gesagt?"

Ich wette, dies hat keine Frau so jemals zuvor gehört. Der Inhalt: derselbe. Die Formulierung: komplett anders.

Deshalb habe ich fünf goldene Regeln für dich, mit denen deine Komplimente richtig gut:

1. Dir fällt etwas an ihr auf, was dir wirklich gefällt.

2. Du stellst einen persönlichen Bezug her.

3. Du begründest das Kompliment oder ziehst einen Vergleich

4. Du verwendest Adjektive oder Beschreibungen.

5. Du baust eine Frage am Ende ein.

Im Folgenden gebe ich dir einige Beispiele zu jedem Prinzip.

Zu Regel 1:

- Outfit allgemein
- Lippen
- Schuhe
- Kette
- wie sie sich bewegt
- wie sie sich verhält
- wie sie läuft
- Ohrringe
- was sie sonst noch trägt etc.

Zu Regel 2:

- Du stellst deinen persönlichen Bezug her, indem du nicht sagst „So ist es", sondern indem du ausdrückst, wie es auf dich wirkt.
- „Mich fasziniert…"
- „Mir gefällt / mich beeindruckt…"
- „Ich finde schön…"

Zu Regel 3:

- „In (andere Stadt) ist das anders / habe ich sowas noch nie gesehen"
- „Ich achte oft auf sowas"
- „das erinnert mich an …"

Zu Regel 4:

- „Wie das Blau des Meeres in Ägypten"
- „Das hat etwas Sinnliches an sich"
- „schimmernd / strahlend / knallblau"

Zu Regel 5:

- „Hat dir das schon mal jemand gesagt?"
- „Wie hast du das gemacht?"
- „Welchen Lippenstift benutzt du?"

Jetzt zeige ich dir Gesprächsthemen, die hervorragend für Bar und Club geeignet sind

Die Spielchen und lockeren Gespräche:

Die meisten Männer sprechen mit einer Frau entweder wie im Vorstellungsgespräch, indem sie sie mit beruflichen Fragen löchern oder – genau umgekehrt – sie bewerfen sie mit verbalem Müll, indem sie sie pausenlos zutexten. Um dich von diesen abzugrenzen, wählst du lockere Themen, mit denen du spielerisch umgehst.

Beispiel:

Du: „Ich liebe ja Cocktails. Ich bin eher der saure Typ, deswegen liebe ich den Mai Tai oder einen guten Caipirinha. Bist du eher der süße oder saure Typ?

Sie: „Hmm, ich glaube der süße.“

Du: „Ja das habe ich mir schon fast gedacht. Du stehst also eher
auf Swimming Pool und Sex oder the Beach?“

Sie: „Ja, der Zweite ist es.“

Einige Frauen würden an dieser Stelle vielleicht denken, dass du ihr jetzt einen ausgeben willst. Das machst du aber nicht, sondern du redest weiter.

Nun kombiniere das dir schon bekannte Beispiel der Annahmen mit lockeren Themen:

> Du: „Oh, ich sehe gerade, du machst gerne Sport"

Dabei fasst du ihr leicht an die Oberarme und drückst diese prüfend. Merke: Am Abend kannst du sie schneller berühren.

> Du: „Hast du mal Tennis gespielt?"
> Sie: „Nein, Hockey"
> Du: „Ah, Mist daneben. (zwinkern)

Jetzt kannst du dich kurz für ein paar Sekunden abwenden, um dich dann wieder zu ihr zurückzudrehen. Du eröffnest das Gespräch erneut und zwar dieses Mal mit dem „weltbekannten" ostfriesischen Münztrick.

> Du: „Ach übrigens, kennst du den ostfriesischen Münztrick?
>
> " Sie: „Nein?!"

Du: „Ok, das hat ein Freund von mir vor zwei Wochen gemacht, ich will es mal bei dir ausprobieren. Der Trick ist, ich lasse eine Münze verschwinden. Hast du gerade ein 1€ oder 2€ - Stück?“

(Sie gibt dir daraufhin eine Münze. Du nimmst die Münze und lässt sie einfach in deine Tasche fallen.)

Du: „Siehst du, weg ist die Münze.“ Anschließend drehst du dich erneut kurz von ihr ab.

Sie: „Oh man du bist gemein, gib sie mir wieder, ich brauche das Geld noch.“

Du: „Ok, aber nur damit du mir nicht verdurstest.“

An diesem Punkt leitest du wieder über zum lockeren Gespräch:

Du: „Wir waren gerade in dieser neuen Bar hier, „Wunder-Bar“, kennst du die schon?“
Sie: „Hab davon gehört, war aber noch nie da.“
Du: „Ja, die war echt nicht schlecht, die Cocktails sind sehr gut da. Ich bin vor einer Woche gerade aus Marokko zurückgekommen, da habe ich den besten Cocktail überhaupt getrunken.
Sie: „Was denn für einer?“
Du: „Mojito – ich bin ja eher der saure Typ. Aber jetzt speziell für dich: Was ist süß und steht in der Wüste?
Sie: „Hmm, keine Ahnung“

Du: „...Ein Karamel"
Sie: „Haha."

Hier hast du gerade wieder fließend zu einem Späßchen übergeleitet und danach gibst du ihr ein Kompliment.

Du: „Du lachst sehr süß, wie meine beste Freundin, die lacht auch immer so süß."
Sie: „Echt?"
Du: „Ja, deswegen noch einer: Treffen sich zwei Rosinen. Sagt die eine zur anderen: "Warum hast du denn einen Helm auf?" Sagt die andere: "Weil ich heute noch in den Stollen muss!"
Sie: „Haha."
Du: „Ok, genug gelacht jetzt, ich muss kurz weiter!"

Danach gehst du weg. Schließlich bist du ja hier, um heute Spaß zu haben und bist nicht ihre neue Klette. Irgendwann kommst du zurück zu ihr, sie kommt zurück zu dir oder ihr lauft euch wieder über den Weg.

Du (scherzhaft): „Oh nee, nicht du schon wieder."
Sie (auch scherzhaft): „Leider doch."

Du: „Du bist unglaublich frech... (Pause, Sie: „Boah") ...
aber das mag ich, wo hast du das her? Du bist ja aus
Hamburg und müsstest kalt sein, bist aber so frech wie eine
Kölnerin."

Sie: „Hehe, du bist aber auch ganz schön frech."

Du: „Ja das weiß ich, aber ich bin ja auch aus dem Süden.
Bist du eigentlich eher der Strand oder der Schnee-Typ?"

Sie: „Strand-Typ"

Du: „Cool, ich auch. High-Five (ihr gebt euch High-Five).
Ich liebe es ja, mal den ganzen Tag nur am Strand zu
liegen. Aber am nächsten Tag muss ich mir auch etwas
Kultur anschauen. Du bist bestimmt jemand, der im Urlaub
den ganzen Tag am Strand liegt. Oder guckst du dir auch
mal ein paar Städte an?"

Sie: „Nein, natürlich machen wir auch etwas Aktives.. Als
ich dieses Jahr auf Kreta war, bin ich über die ganze Insel
gefahren. Das ist eine richtig schöne Gegend dort. Warst du
schon mal da?"

Und so könnte dieses Gespräch immer weiter gehen…

Dieses Gespräch ist ein Beispiel für den Werkzeugkasten, den ich dir für den Club an die Hand gebe. Die einzelnen Werkzeuge kannst du dabei in beliebiger Reihenfolge aneinander reihen und miteinander kombinieren.

Folgende Werkzeuge stehen dir zur Verfügung:

- **Deine Bohrmaschine: Gesprächsthemen mit Vorannahmen**

- **Dein Schraubenzieher: Komplimente und Aufzieher**

- **Dein Spachtel: Spielchen und lockere Themen**

- **Dein Hammer: Immer wieder Wegdrehen oder weggehen**

Nun gebe ich dir eine Anleitung zur optimalen Anwendung dieses speziellen Werkzeugkastens.

1. Die Gesprächsthemen mit Annahmen

Hier triffst du Annahmen über sie, was für ein erfrischendes, freches Kennenlernen sorgt. Die Frau wird nicht mit Fragen gelöchert. Euer Gespräch beruht auf kommunikativem Austausch, bei dem du anschließend über dich erzählst.

Beispiel:

> Du: „Du kommst bestimmt aus Bayern!"
> Sie: „Ich bin Münchnerin, hört man das?"

Oder:

> Du: „Ah, du hast mal Tennis gespielt, oder?"
> Sie: „Ja, aber das ist echt schon länger her."

2. Komplimente und Aufzieher

Gebe ihr hin und wieder ein Kompliment. Dies tust du am besten, nachdem sie etwas gesagt hat, was dir gefällt:

Sie: „Ja, ich gehe vier Mal die Woche joggen"

Du: „Wow, das mag ich echt, du gefällst mir. Denn es gibt heutzutage so wenig Leute, die das Durchhaltevermögen dazu haben."

Oder für etwas, was dir auffällt:

Du: „Mir ist gerade aufgefallen, deine Ohrringe passen ja perfekt zu deinem Oberteil. Dieser Kontrast von blau und schwarz gefällt mir sehr. Wie hast du das hingekriegt?"

Und um den richtigen Flirt-Mix zu brauen, ziehst du sie natürlich hin und wieder auch mal auf:

Beispiel:

Du: „Hehe, ich liebe diese Art, wie du dein Glas festkrallst." Sie: „Oh man, du bist gemein."

Oder:

> Sie: „Ich gehe mindestens einmal die Woche trainieren."
> Du: „Mindestens einmal? Nichts überanstrengen!"
> (zwinkern!)

Oder wenn sie gerade einen Weißwein trinkt:

> Du: „Auch weißer Wein macht eine rote Nase."

Außerdem kannst du das Kompliment auch mit einem
Aufzieher kombinieren: Beispiel:

> Du: „Du bist unglaublich frech... aber das mag ich. Das
> muss deine
> Kölner Art sein, oder?"

Oder:

> Du: „Wow, ich liebe dein Oberteil, vor allem passt das so gut zu
>
> deinem Gürtel und deinen Schuhen. Wo hast du das gekauft?"
>
> Sie: „In Mailand."
>
> Du: „Ich muss echt sagen, das ist richtig gelungen. Wenn du jetzt noch die Hose in Schwarz angehabt hättest, würde ich dich sofort heiraten."

3. Spielchen, Witze und lockere Themen

Der lockere und lässige Mann, wie sich Frauen ihn wünschen, weiß es, seine Ernsthaftigkeit auf seinem Bürostuhl zu lassen und abends sich dem Spaß zu widmen. Deshalb plauderst du mit ihr über verschiedene Cocktailsorten, du erzählst kurze Witze oder machst Spielchen mit ihr. Damit zeigst du auch, dass du alles sehr spielerisch siehst und deinen Spaß hast. Erzähle einfach deine zwei, drei persönlichen Lieblingswitze – solang sie nicht zu lang und zu sexuell sind. Sexuelle Witze kannst du ihr lieber später erzählen.

Ein guter Tipp sind immer Witze, mit denen du in deinem Freundeskreis gute Erfahrungen gemacht hast. Darüber hinaus sind Spiele wie zum Beispiel das Daumen-Catchen immer wieder gut: Die Spieler sitzen sich gegenüber und halten gegenseitig ihre rechte Hand mit einem „Affengriff". Das Spiel fängt an bei eins, zwei, drei. Bei jeder Zahl wechselt der jeweilige Daumen von rechts nach links. Bei drei ist es dann das Ziel, so schnell wie möglich mit deinem Daumen den Daumen des Gegners auf den Zeigefinger – also nach unten - zu drücken. Ein weiterer Bestandteil, eines Gesprächs, das Spaß und Lust auf mehr macht, sind lockere Themen wie zum Beispiel:

- Sommer- oder Winter-Typ
- süße oder saure Cocktails
- Hund oder Katzen-Mensch
- Frühaufsteher oder Langschläfer
- Kaffee- oder Tee-Trinker

4. Immer wieder Wegdrehen oder weggehen

Mit dem Wegdrehen zeigst du, dass du nicht wie eine Klette an ihr haften bleibst und schenkst ihr auch nicht sofort deine volle Aufmerksamkeit.

Zudem offenbarst du damit auch deine spielerische Seite, die Frauen lieben.

Das Wegdrehen kannst du am Anfang eures Flirts häufiger machen, lässt es dann gegen Ende hin aber weniger werden.

Mit dem Weggehen hebst du dich zum einen von den Männern ab, die beim Anblick einer attraktiven Frau gleich lossabbern und ihr bis ans Ende der Welt folgen würden. Zum anderen machst du ihr klar, dass du deinen Spaß für einen Flirt mit ihr auf keinen Fall zurückstellen würdest.

Ich empfehle dir, in der Konversation mindestens einmal kurz wegzugehen. Du kannst auch mal etwas länger weggehen, aber danach bleibst du wieder länger bei ihr.

Der beste Moment sie kurz zu verlassen ist es, wenn der Moment für die Frau am schönsten – also sie auf einem emotionalen Höhepunkt ist. Dann hofft sie nämlich, dass du auch ganz bald wiederkommst – was du auch tun solltest.

Werde aber nicht zum Nomaden, indem du eine Minute bei ihr bleibst, und anschließend schon gleich wieder verschwunden bist. Das ist zu viel des Guten und sorgt dafür, dass sie ihr Interesse an dir verliert.

Isoliere sie

So, jetzt bist du mit ihr schon einige Zeit am Flirten und sie fängt an, dir immer mehr Fragen zu stellen. Sie hat ihre Freundinnen schon fast vergessen. Ihr Interesse an dir offenbart sie Stück für Stück ganz subtil immer mehr.

Dies ist der Zeitpunkt, an dem du sie an einen anderen Ort bringen solltest, damit du mit ihr ungestörter sein kannst. Das kann ein anderer Ort innerhalb der Bar oder des Clubs sein, oder auch ein ganz anderer Ort, zum Beispiel eine andere Bar.

Hierfür zeige ich dir mehrere mögliche Beispiele:

Wenn sich in der Nähe eine Couch befindet, auf der ihr nebeneinander sitzen könnt, sage:

> Du: „Lass uns mal kurz dahin gehen." (auf die Couch zeigend)

Falls die Bar oder der Club noch weitere Räume besitzt, wo es ruhiger ist:

> Du: „Lass uns doch mal kurz da hinten hingehen, dort ist es ruhiger. Ich bring dich gleich auch wieder zurück." (zwinkern)

Wenn du sie gleich hinaus befördern willst:

> Du: „Lass uns doch mal kurz irgendwo hingehen, wo es etwas
> ruhiger ist. Wir kommen ja gleich wieder."

Es ist immer gut, sie ein wenig zu bewegen. Du kannst auch häufiger von einem Ort zum anderen wechseln. (Zum Beispiel erst auf die Couch, oder in einen anderen Raum, und danach nach draußen).

Denn das verstärkt nicht nur ihr Vertrauen und ihre Bindung zu dir, sondern ihr könnt euch viel einfacher und ruhiger unterhalten.

Dort angekommen beginnst du tiefgründigere Themen anzusprechen. Darüber erfährst du später mehr im Kapitel „Rapport und seine fünf Ebenen"

Jetzt, wo ihr beide ungestört und allein seid, kannst du sie auf vielfältige Art und Weise berühren, um den Flirt anzuheizen und zu intensivieren.

Abends ist die Hemmschwelle bei der feiernden Meute geringer und der allgemeine gesellschaftliche Konsens erlaubt mehr Berührungen. Das Problem: Viele Typen wärmen ihre Hände lieber in den Taschen, als die zarte Haut einer Frau zu berühren, während andere grabbeln, als wenn es kein Morgen gäbe.

Wie du bereits geahnt hast, ist beides der falsche Weg. Denn Gewinner ist derjenige, der die Berührungen geschickt, effektiv und zum richtigen Zeitpunkt einsetzt. Durch frühe Berührungen zeigst du, dass du kein netter Kerl bist, der eine Frau erst auf 20 Dates ausführt, bevor er das erste Mal einen Kuss versucht.

Denke immer daran, Frauen stehen auf Küssen und Sex mindestens genauso sehr wie du und ich - die meisten sogar noch mehr!

Wie kannst du Berührungen nun richtig anwenden?

Du solltest es abends ziemlich früh anwenden, am besten schon *ab der ersten Minute*.

Und spätestens nach fünf Minuten solltest du sie zumindest einmal angefasst haben. Für eine Bar oder einen Club sind folgende Berührungsmöglichkeiten gegeben: Beginne mit etwas neutraleren Berührungen, da du die Dinge auch nicht überstürzen solltest.

Wenn du dich mit deiner sexy Disco-Bekanntschaft im Gespräch befindest und sie etwas Tolles sagt, oder ihr eine Gemeinsamkeit entdeckt, sage „High-Five" und lass sie einschlagen.

Sollte sie dich mit einer Aussage ärgern oder nerven, gibt es natürlich ebenfalls das Gegenteil. Piekse ihr leicht(!) in den Bauch und strecke dabei die Zunge heraus.

In dem Moment, in dem ihr euch dann mit Namen vorstellt, kannst du die Situation ausnutzen. Erkläre ihr: „Nee, reines Händeschütteln ist langweilig, wir stellen uns richtig vor!" und gebe ihr dabei ein Küsschen rechts und eines links.

Du siehst, das sind alles Berührungen, die für jeden Außenstehenden ganz normal wirken. Aber zwischen euch beiden entwickelt sich ein kleines knisterndes Berührungs-Techtelmechtel.

Wenn du sie dann an einen Ort geführt hast, an dem ihr beide ungestört seid, kannst du die Berührungen steigern.

Sehr anregend ist es für eine Frau, wenn du aus der Konversation heraus einfach mal ihre Haare berührst, um sie in Augenschein zu nehmen. Sollten dir ihre Haare gefallen, sage ihr das, streiche darüber und kommentiere: „Ich steh auf so lange Haare!". Oder vielleicht sind ihre Ohrringe ein Hingucker: „Endlich eine Frau, die nicht diese Papageien-Schaukeln trägt. Deine Ohrringe haben richtig Stil!"

Auch euer Gespräch bekommt mit der Zeit immer mehr eine verführerische Note und dieser sollten die Berührungen deckungsgleich folgen. Stell dich neben sie, um ihr im Club etwas zu zeigen und lege dabei deinen Arm um ihre Hüfte oder ihre Schulter.

Das ist eine Geste, die beim zarten Geschlecht besonders gut ankommt. Nicht nur, dass sie sich beschützt fühlen, sondern du machst auch klar: „Ich bin keiner von diesen Langweilern, sondern traue mich etwas!"

Falls ihr frontal gegenüber steht, bietet sich genauso gut eine herzerwärmende Umarmung an. Effektiver wird es, wenn du es mit einem Kommentar begleitest: „Oh das hast du so süß gesagt, komm in meine Arme!"

Wenn ihr nebeneinander sitzt, hat es den gleichen Effekt, wenn du eine Hand auf ihrem Oberschenkel platzierst. Der Vorteil hier ist, dass nicht unbedingt alle Leute mitbekommen müssen, was zwischen euch passiert.

Ist es dein Ziel mit den Berührungen so richtig aufzudrehen und zu schauen, was alles geht? Dann habe ich eine grausige Wahrheit für dich…

Du musst wohl oder übel auf die Tanzfläche. Ich habe Tanzen in meinen jungen Jahren auch immer strikt abgelehnt. Aber irgendwann habe ich dann entdeckt, dass die Vorzüge der Tanzfläche ganz klar überwiegen.

Hier geht es so richtig los: Wirbel deine neue Bekanntschaft herum, in dem du sie eine Pirouette drehen lässt. Drehe sie um und reibe dich von hinten an ihr, während eure Hände in einander gelegt sind. Geht dabei runter Richtung Boden.

Du siehst, auf der Tanzfläche kannst du das volle Anturn-Programm laufen lassen. Merkst du, dass ihr das sehr gut gefällt, dann kannst du sogar einen Schritt weiter gehen und mit deinen Händen ihren Körper rauf- und runterfahren.

Aber Finger weg von den Brüsten. Solltest du diese auch nur leicht streifen, ist das für die meisten Frauen gleich ein Ausschluss-Kriterium.

Was bedeutet ein Kuss für sie?

Ein Kuss unterstürzt dich beider Frau angenehme Gefühle zu erwecken. Und nicht erst seit Romeo und Julia wissen wir, wie bedeutend ein Kuss für eine Frau sein kann.

Das Küssen ist für jede Frau nicht nur eine wichtige Vorstufe für mehr, sondern verstärkt die Anziehung erheblich und erzeugt eine emotionale Verbindung zwischen euch. Denn Spätestens ab dem Kuss wird ganz deutlich – euer Verhältnis ist definitiv nicht platonisch , sondern geprägt von einer sexuellen Anziehung.

Für eine Frau ist ein Kuss eine wichtige Stufe auf der Leiter ihrer knisternden Emotionen.

Erwecke den Romeo in dir

Wenn du das nächste Mal eine Frau küssen willst, stell dir vor, du bist schon seit einem Jahr mit ihr zusammen, hast sie seit drei Wochen nicht mehr gesehen und es wäre zudem noch euer Jahrestag.

Wie fühlst du dich? Was denkst du? Stell dir vor, ihr habt ein großes Vertrauen und wollt einfach nur eure Leidenschaft freien Lauf lassen.

Natürlich macht es aber Sinn, erst langsam und vorsichtig zu küssen und dann mit der Zeit immer ein wenig mehr, aber trotzdem noch vorsichtig steigern. Das turnt sie unglaublich an.

Interessanter Fakt: Zwei Drittel aller Menschen drehen beim Küssen ihren Kopf nach rechts.

Geheimtipp: Wenn du beim Küssen in der Eskalation stets „zwei Schritte vor, ein Schritt zurück" gehst, machst du sie noch heißer.

Dies bedeutet, dass ihr z.B. erst einmal nur auf die Lippen küsst (Schritt vor), ihr dann ein wenig mehr Leidenschaft reinsteckt, indem eure Zungen sich berühren (Schritt vor), aber dann kurz darauf wieder nur eure Lippen sich berühren (Schritt zurück).

Dann berühren sich wieder die Zungen (Schritt vor) und du kannst dem folgend einen Arm um ihren Nacken oder Hüfte legen (Schritt vor), dann wieder weg legen (Schritt zurück). Und so weiter.
Wenn du dir nicht sicher bist, wie du den Kuss mit einer Frau einleiten sollst, dann helfen dir diese folgenden Wege als Ideengeber:

4 Verschiedene Wege einen Kuss einzuleiten

1. - Besonders für den Club geeignet:

> Du: „Ich muss dir was zeigen, komm mal mit."

Dann führst du sie in eine ruhigere Ecke, möglichst entfernt von ihren Freundinnen. Ihr setzt euch auf ein Sofa oder ihr steht in der Ecke. Dabei schaust du ihr kurz in die Augen und dann auf den Mund, lächelst, und küsst sie einfach.

2. - Immer geeignet, auch wenn ihre Freundinnen dabei sind:

> Du: „Ich wette um zwei Euro, ich kann dich küssen ohne deinen Mund zu berühren" (dabei holst du wirklich zwei Euro raus und legst sie vor ihr hin)
> Sie: „Das glaube ich nicht, aber ok"

Dann gehst du zu ihr hin, und küsst sie einfach, ein paar Sekunden, nicht zu lang. Dann gehst du wieder zurück und sagst: „Das habe ich leider nicht geschafft, aber die zwei Euro waren es Wert"

3. - Besonders geeignet, wenn ihr schon allein seid.

Ihr habt schon hin und wieder längeren Blickkontakt. Falls nicht, ist es jetzt an der Zeit. Du schaust ihr in beide Augen mit einem tiefen, aber offenen Blick und lächelst. Sie sollte zumindest in Ansätzen dasselbe tun. Es sollen schon Emotionen entstehen. Dann kommst du ihr etwas näher und gehst wieder ein wenig zurück. Im Prinzip „zwei Schritte vor, ein Schritt zurück".

Das ist im Übrigen nicht nur sehr spielerisch, sondern stärkt zugleich auch das Verlangen der Frau – und zwar nach dir.

Irgendwann kommt ihr euch so nah, dass eure Lippen sich berühren und voilà: Der Kuss.

4.

Du kannst es natürlich auch direkt ansprechen, allerdings subtil. Verpacke es lustig wie zum Beispiel mit dem Eskimo-Kuss. Frage sie, ob sie den Eskimo-Kuss kennt und schlage dann vor, ihn zu machen. Bei diesem reibt ihr zuerst eure Nasen aneinander.

Jetzt wo ihr euch so nah seid, küsst du sie einfach auf die westliche Art auf den Mund.
Solltest du nun sagen: „Oh ja, küssen will ich, aber ich weiß doch gar nicht, ob das klappt?!" – dann habe ich zwei Ratschläge für dich. Der erste ist: Probiere es aus.

„Mann" muss auch mal was riskieren. Oder vielleicht findest du den zweiten Ratschlag besser.

Schaue mit dem „Lambertschen Kusstest", ob sie schon deine Lippen spüren will.

Der Lambertsche Kusstest

- Nimm ihre Hand und lass sie wieder los. Schaue, wie sie reagiert.
- Wenn sie deine Hand erst später wieder loslässt, ist der erste Test bestanden.
- Schau ihr mindestens drei oder vier Sekunden lang in die Augen und lächle.
- Wenn sie den Blickkontakt genau solange hält und zurücklächelt, ist auch der zweite Test bestanden.
- Streichele ihr übers Gesicht und schaue wie sie reagiert. Lässt sie auch den letzten Test zu, kannst du sie beherzt küssen.

Wow, ich muss sagen alles läuft gut! Du hast gerade eine attraktive Frau geküsst und bist vollgepumpt mit Endorphinen. Aber es ist noch lange nicht an der Zeit den Abend zu beenden.

Denn egal, ob du noch heute Abend mit ihr schlafen möchtest, oder sie lieber ein anderes Mal auf einem Date wiedersehen möchtest – ihre Nummer solltest du immer haben. Es kann immer mal wieder passieren, dass einer von euch beiden im Club abhandenkommt.

Kurz eine wichtige Info vorweg. Nimm nicht nur ihre Telefonnummer, sondern gib ihr auch deine. Erstens kann sie dich auf diesem Wege auch erreichen und zweitens schafft das Vertrauen.

In einer Bar kannst du ihre Nummer auf folgendem Wege einsacken:

Du: „Was machst du noch später?"

Sie: „Wir gehen wahrscheinlich ins Cube."

Du: „Cool, das haben wir uns auch überlegt. Wir wollten aber noch zuerst in den anderen Club gehen. Wir können das ja so machen, dass jeder dem anderen Bescheid gibt, wie es da ist."

Sie: „ok"

Du: „Dann lass uns doch mal ganz unverbindlich Nummern tauschen"

Zurück im Club gibt es dann noch eine andere Variante:

Du: „Was machst du morgen?"

Sie: „Einen gemütlichen, ich bleibe den ganzen Tag im Bett und
lese ein wenig."

Du: „Cool, dann schicke ich dir danach einfach mal ganz unverbindlich eine SMS."

Sie: „ok"

Du: „Dann gebe ich dir auch mal meine Nummer, damit du weißt, wer schreibt."

Eine sehr selbstbewusste Methode ist:

Hole einfach dein Handy raus, fange an ihren Namen zu schreiben. Sollte er schwieriger sein, frage wie man ihn schreibt und dann tippst du ganz selbstverständlich schon die ersten beiden Ziffern, mit denen Handynummern gewöhnlich anfangen (in Deutschland z.B. „01") in dein Handy und drückst es ihr in die Hand, damit sie die Nummer vervollständigt.

Ein Weg, bei dem sie mit-investieren muss:

„Das Gespräch war sehr schön, ich muss leider weiter... Hmm, wie können wir das fortsetzen?"

Vielleicht schlägt sie von selber ein Date vor oder die Nummern zu tauschen. Tut sie dies nicht, kannst du es immer noch selbst vorschlagen.

Jetzt habt ihr eure Nummern ausgetauscht und alles ist vorerst unter Dach und Fach.

Da wir nun den gesamten Prozess des Flirtens im Club vom Ansprechen, über das Gespräch bis hin zum Abschluss durchleuchtet haben, können wir uns nun noch einer Feinheit widmen – der Feinheit, wie du deine Erfolgsquote noch beträchtlich steigern kannst.

Achte auf die Interesse-Signale der Frau:

Es gibt wesentlich mehr sogenannte „Interesse-Signale" von Frauen, als du dir vorstellen kannst. Es ist nach wie vor so, dass Frauen nicht so häufig Männer ansprechen wie umgekehrt. Aber das bedeutet keineswegs, dass Männer mehr an Frauen interessiert sind als Frauen an Männern - im Gegenteil. Es ist zum Teil evolutionsbedingt, zum Teil gesellschaftlich bedingt, dass es allgemeiner Konsens ist, dass generell Männer eher Frauen ansprechen als umgekehrt.

Was viele Männer aber nicht wissen: Frauen zeigen, dass sie angesprochen werden wollen, sowohl auf bewusster als auch auf unbewusster Ebene, indem sie dir bestimmte Zeichen geben.

Es ist ihr Beitrag zum Flirt, ihre Art sich am „Spiel" zu beteiligen.

Sie sind manchmal etwas schwer zu erkennen, aber dieses Unterkapitel wird dir ein Radar für diese Signale einbauen.

Allerdings heißt das natürlich nicht, dass du keine Frauen mehr ansprechen sollst, die dir keine Signale senden. Es soll dich vielmehr dazu bringen, dass du auf jeden Fall die Frauen ansprichst, die dir diese Signale geben.

Es gibt vielfältige Gründe, warum dir Frauen kein Interesse signalisieren. Das muss aber lange noch nicht bedeuten, dass sie nicht an dir interessiert sind. Es kann ganz andere Gründe haben:

- sie hat dich nicht gesehen
- du hast ihr Signal nicht erkannt
- sie traut sich nicht, dir ein Signal zu geben
- ihre Freundin soll es nicht mitbekommen

Ich werde die möglichen Interesse-Signale jetzt auflisten und näher erläutern. Es kann sein, dass sie nur ein kleines Signal gibt, oder ganz viele große Signale. Das hängt von Frau zu Frau und von Situation zu Situation ab.

Die Interesse-Signale zum Ansprechen

- Ein Blickkontakt von einer Frau für länger als eine Sekunde. Es ist nicht, dass du komisch aussiehst. Nein, sie interessieren sich für dich.
- ein kurzer Blick zu dir, dann wieder weg (weil sie schüchtern sind) und dann wieder zu dir, das ca. 3 - 4 Mal, bis sie enttäuscht resignieren, dass du sie nicht angesprochen hast.
- ein kurzes Lächeln, entweder beim Blickkontakt oder sogar auch danach
- Ihre Köperhaltung ist zu dir hin geöffnet.
- Sie bewegt sich zu dir hin und wieder zurück.

- Sie benimmt sich plötzlich auffälliger als vorher, tanzt verrückter, schwingt ihren Arsch, versucht dich mit diversen Mitteln auf sie aufmerksam zu machen.
- Sie fasst dich "aus Versehen" an, ein kleines Streifen an der Hose reicht.
- Sie tanzt immer näher an dich ran.
- Sie läuft langsamer.
- Sie weicht dir nicht aus, obwohl ihr zusammenstoßen würdet.
- Sie versucht dir zu zeigen, wie toll ihr Körper ist, z.B. durch ein nach vorne beugen oder nach vorne bücken.
- Sie spielt mit ihren Haaren.
- Sie spielt mit anderen Gegenständen rum.
- Sie macht einen "sexy Blick".
- Sie zieht ihre Augenbrauen dezent hoch.

Es gibt noch viel weitere Interesse-Signale, aber ich habe die wichtigsten hier für dich zusammengefasst.

Wichtig ist, dass du dich nicht zu verbissen nach ihnen suchst. Sehe es als Zusatzhilfe, damit nie wieder eine Frau ihrer Freundin erzählen muss: „Hey, ich habe den Typen eine halbe Stunde angeflirtet, aber der muss Tomaten auf den Augen gehabt haben.“

Bist du jemals mit deiner (Ex-)Freundin oder Frau zusammen in einen Club gegangen? Und wenn ja, hast du dich auch geärgert, dass dich plötzlich mehr als doppelt so viele Frauen nach dir umdrehen als zu der Zeit, in der du noch Single warst? Und das obwohl du doch zu deiner Single-Zeit für diese Reaktionen dein letztes Hemd gegeben hättest...

Ich habe mich immer gefragt: Warum ist das so?

Und darauf schoss mir gleich noch eine zweite Frage in den Kopf: Gibt es noch andere Wege diese Reaktionen bei Frauen hervorzurufen? Direkte Antwort auf die zweite Frage: Ja, die gibt es! Sei noch ein wenig gespannt, die Auflösung kommt gleich.

Aber widmen wir uns vorab der ersten Frage nach dem „Warum genau jetzt?".

Die Antwort ist simpel, besteht aber zugleich aus mehreren Gründen:

Der Wichtigste: Du bist ein Mann, der von einer Frau – in diesem Fall deiner Partnerin zur Paarung ausgewählt worden ist. „Klingt komisch" würde Peter Lustig sagen, jedoch ist das die klassische evolutionsbiologische Betrachtungsweise. Das heißt für die anderen weiblichen

Wesen, dass du gesunde Gene besitzt – zumindest in der Logik der Frauen.

Der zweite Grund: nichts ist unwiderstehlicher als etwas, was man – dem Anschein nach - nicht haben kann. Da in der hiesigen Gesellschaft Europas monogame Beziehungen der Standard sind und du vermutlich „vergeben" bist, ruft das diese Unwiderstehlichkeit hervor.

Der dritte Grund: Natürlich bist du nicht zum Frauen „anmachen" da, sondern um eine schöne Zeit zu haben. Das wirkt sich auf deine Ausstrahlung aus, du wirkst nicht wie ein ausgetrockneter Mann, der nur so nach Frauen lechzt.

Jetzt denkst du dir vielleicht auch „Wunderbar, dann ziehe ich also immer Frauen am besten an, wenn ich vergeben oder verheiratet bin…"

Das dachte ich früher auch. Aber ich kann dich beruhigen, denn diese Anziehungskraft lässt sich auch ganz einfach anders erzeugen.

Und zwar nach dem gleichen Prinzip. Frauen müssen sehen, wie du dich mit anderen weiblichen Wesen umgibst.

Zwei Möglichkeiten bieten sich an:

Eine Möglichkeit ist es, Frauen absichtlich in die „Freundschafts-Zone" zu schicken.

Wenn sie auch nur mit dir befreundet sein will, perfekt!

Und wenn sie mehr von dir will, noch perfekter! Denn nichts ist aufregender als eine Frau, die dich konstant im Club leidenschaftlich antanzt und anflirtet –sozusagen ihren Paarungstanz aufführt- während alle Frauen im Umkreis von zehn Metern mit offenem Mund zugucken.

Sonderaufgabe:
Lerne drei hübsche Frauen kennen, mit denen du schlafen würdest und schicke sie absichtlich in die „Freundschafts-Zone".

Der andere Weg ist es, im Club oder auf der Straße auf dem Weg zum Club Frauen anzusprechen, z.B. mit „Was kann man heute alles machen?"

Halte dann Smalltalk mit der Kommunikationsstruktur „Vom Ansprechen bis zum Date." Flirte mit diesen Frauen nach allen Regeln der Kunst und zeige, dass du ein attraktiver, cooler Typ bist mit dem man einen richtig geilen Abend haben kann.

Anschließend erzähle ihnen begeistert von diesem Club, in den du heute gehst und sage:

„Ihr seid so cool, ihr müsst unbedingt mitkommen. Ich spüre es, heute wird so ein spaßiger Abend, den dürft ihr nicht verpassen."

Lasse sie sich einhaken oder einfach neben dir hergehen, während ihr in Richtung Club geht.

Frauen stehen auf solche spontanen Aktionen!

Sorge - im Club angekommen - dafür, dass du nicht die ganze Zeit nur an einer Stelle mit deinem Anhang stehst. Gehe mit ihnen tanzen, etwas trinken und habt zusammen Spaß, damit alle anderen heißen Bienen es sehen können. Es gibt kein größeres Aphrodisiakum als ein umschwärmter Mann zu sein.

Eine weitere Möglichkeit ist es, deine neuen Eroberungen den Leuten, die du schon kennst vorzustellen und umgekehrt. Das spielt deinem Image als sichtbarer Frauenschwarm noch mehr zu.

Zickigkeit vermeiden und entwaffnen

Einige Frauen haben vor allem in Clubs, manchmal auch in Bars die Eigenschaft, zickig auf das Ansprechen zu reagieren. Aber keine Sorge, das hat alles seine Gründe und in diesem Unterkapitel erkläre ich dir warum das so ist und vor allem, was du dagegen tun kannst.

Präventiv gibt es ein paar Dinge, auf die du achten solltest, um diese Stutenbissigkeit zu vermeiden:

- Laufe ordentlich angezogen rum und nicht in Jeans und

T-Shirt aus der Vorkriegszeit.

- Sei immer freundlich und offen, egal wie die anderen drauf sind.
- Achte darauf, dass du nicht „jede" Frau offensichtlich anmachst, so dass es jeder sieht. Denn das würde nur das Gefühl auslösen, dass sie nur die nächste ist und du erhältst postwendend die Frage, wie viele Frauen man schon mit dem Spruch an diesem Abend angegraben habe.
- Trinke wenig, oder am besten gar nicht. Stell dir vor, du stehst nüchtern als Autofahrer im Club und um drei Uhr lallt dich eine besoffene Frau zu, deren Fahne du schon aus zehn Metern Entfernung riechen kannst. Nicht gerade sexy, oder?
- Achte auf die Interesse-Signale.

Wie du jede negative Aussage und Reaktion ins Positive umdrehst

An dieser Stelle hat sie bereits zickig reagiert, aber du entwaffnest sie im Handumdrehen.

Fangen wir mit der häufigsten Reaktion an.

Sie: "Ich habe einen Freund.":

Da sind die meisten Männer erst einmal sprachlos und denken: „Ok, das war`s. Aber das muss es nicht heißen.

Denn, halte folgendes fest: Jede gut aussehende Frau hat irgendwo einen festen Freund, einen Verehrer, einen Liebhaber, einen "besten Freund", der heimlich auf sie steht, oder einen Ex-Freund, den sie jederzeit anrufen könnte. Und oft haben sie auch keinen Freund. Sondern sagen es nur so, um die nicht selbstbewussten Männer schnell aussortieren zu können.

Dementsprechend gibt es einige Handlungsoptionen:

1. Nimm es nicht ernst! Beispiel:

> "Cool, und ich habe einen iPad."

Oder:

> "Ja, ich habe auch einen Freund." (auf die Kollegen an der Bar zeigen)

2. Stelle es als unwichtige Aussage, die dich nicht sonderlich bekümmert, dar. Beispiel:

> "Ja und weiter? " Oder:
> komplett ignorieren

3. Stelle es als ganz normal dar. Beispiel:

> "Das will ich auch hoffen"

Oder:

> "Jede gut aussehende Frau hat irgendwo einen festen
> Freund, einen Verehrer, einen Liebhaber, einen "besten
> Freund", der heimlich auf sie steht, oder einen Ex-Freund,
> den sie jederzeit anrufen könnte."

4. Nimm sie auf den Arm. Beispiel:

> Du: "Cool wie viele?"
> Sie: "Einen."
> Ich: "Oh nein, das ist doch voll altmodisch."

Oder (demonstriere hierbei mit deinem Blick gespieltes Mitleid):

> „Oh nein, das tut mir leid" (...und jetzt wieder Freude) „ist aber
>
> nicht so schlimm, das hat auch gute Seiten."

Merke:

Wenn sie aber wirklich einen Freund hat, dem sie auch treu ist, dann wird sie dir als „gute Freundin" helfen, andere Frauen auf dich aufmerksam zu machen.

Neben dem Freund ist das Ignorieren die zweithäufigste negative Reaktion einer Frau im Nachtleben. Wenn sie dich ignoriert, nur einen bösen Blick schenkt oder sehr passiv antwortet. Lass dich davon nicht abschrecken, du bist halt der Zehnte, der sie heute angesprochen hat, und musst erst mal beweisen, dass du besser bist als die anderen neun. Zudem mag der Schein auch trügen: Manchmal schauen Frauen auch nur generell böse, weil die Arbeit sie belastet, sie Streit mit einer Freundin hatte, oder ihr Goldfisch heute Morgen verstorben ist.

Sie freuen sich aber dennoch sich mit dir zu unterhalten. Nimm die bösen Blicke jedenfalls nie persönlich. Wenn sie dich treffen, handle wie folgt:

1. Ignoriere ihren bösen Blick, sei selber nett und offen und tue so, als ob sie sehr positiv reagiert. Und nimm es mit Ironie.

Beispiel:

> Du: „Du bist bestimmt eher der Strand-Typ, als der Schnee-Typ"
>
> Sie: „Jaja"
>
> Du: „Ich sehe schon, du magst den Winter gar nicht."

Oder:

> Du: „Du bist bestimmt eher der Strand-Typ, als der Schnee-Typ."
>
> Sie: „Jaja."

Ahme ihre passive Körperhaltung ganz offensichtlich nach, sage „Jaja" und dann lache. Meist lacht sie dann auch.

2. Sprich sie subtil, aber lustig darauf an. Und auch hier gilt - nimm es mit Ironie:

Beispiel:

> Du: „Du bist bestimmt eher der Strand-Typ, als der Schnee-
> Typ"
> Sie: „Jaja."
> Du spielerisch: „Hey, ich bin ein Mann und brauche mehr
> Aufmerksamkeit."

Oder:

> Du: "Ich komme aus Köln, da sind die Leute immer sehr
> offen und gesprächig, warum ist das hier nicht so?"

3. Zeige Mitgefühl und was darf nicht fehlen – Ironie.

Beispiel:

> Du: „Ja du hattest bestimmt auch einen sehr anstrengenden
> Tag hinter dir. Aber jetzt ist die Zeit, um Spaß zu haben."

Oder:

> Du: „Du bist heute bestimmt schon 10.000 mal angesprochen worden. Aber dann musst du nächstes Mal doch einfach mehr anziehen." (mit den Augen zwinkern)

4. Zieh sie auf:

Beispiel:

> Du: "Ich liebe es wenn du diesen Blick machst"

Oder:

> Du: "Ich find' das cool, du kannst richtig gut arrogant gucken... Aber ich wette, ich kann noch viel arroganter gucken."

Dann stellst du dich neben sie, machst sie und ihre Arroganz übertrieben nach und lachst danach. Übrigens, wenn sie schon vor dem Ansprechen böse gucken, ist das eine Steilvorlage für dich um sie situativ anzusprechen:

Ein magischer Gesprächseröffner bei bösen Frauen

„Hey, schau doch nicht so böse"

Und als Schocker-Version:

„Hey, schau doch nicht so böse, hat dir jemand dein Dreirad kaputt gemacht?" (dabei aber sehr freundlich und spielerisch gucken)

Warnung: Der letzte Spruch ist für Männer, die gerne mit dem Feuer spielen und trotzdem landen wollen. Es kann sein, dass es beim ersten Mal voll einschlägt und dir die Frau in den Armen hängt. Aber es kann auch sein, dass du damit fünf Mal hintereinander Schiffbruch erleidest. Probiere es in diesem Fall einfach ein halbes Jahr später wieder aus.

Jetzt hast du ihre Nummer und zerbrichst dir den Kopf darüber, wie du nur weitermachen kannst. Rufst du sie an? Schreibst du ihr eine SMS? Nach wie vielen Stunden, nach wie vielen Tagen sollst du das Ganze machen? Fragen über Fragen...

Mein erster heißer Tipp: Mach dir nicht so einen Kopf! Mach es dir nicht schwerer als es ist, denn wir beschäftigen uns hier nicht mit höherer Algebra. Gehe diese Sache entspannt und locker an und du hast schon den ersten Schritt in die richtige Richtung getan.

Wie handhabst du das in deinem Freundeskreis? Rufst du sie nur an, schreibst du ausschließlich SMS oder habt ihr euren Kontakt einzig über Email oder soziale Netzwerke?

Ich denke mal, die meisten von euch werden diese „Alles-oder-Nein"-Frage nicht bejahen können.

Deswegen gilt schon einmal die Regel: "Jede Nummer ist mehrfach verwendbar!".

Die 3-Tage-Regel. Dass Mann eine Frau erst nach drei verstrichenen Tagen kontaktieren soll, steht inzwischen in jeder Bravo und Cosmopolitan drin. Streiche sie jetzt aus deinem Kopf!

Wenn du keine Gefangenen nehmen willst, sondern die Frau zeitig wiedersehen möchtest, dann halte dich an folgende Regeln:

1. Schicke ihr ziemlich bald nach der Begegnung eine kurze SMS.

2. Und / Oder rufe sie spätestens am nächsten Tag an.

3. Abends reagieren Menschen emotionaler, je später der Abend desto wahrscheinlicher ist eine gute SMS oder Telefon-Konversation.

Eine SMS umfasst 160 Zeichen. Vor vielen, vielen Jahren habe ich den Fehler gemacht und gedacht, dass ich auch alle diese 160 Zeichen nutzen müsste. Frei nach dem Motto: Bloß keinen Cent verschenken!

Ich habe eine SMS vollgepackt mit Fragen, Smileys und vielem mehr. Und wenn ihre Antworten nicht 160 Zeichen umfassten und nicht so viele Smileys und Fragen hatten, war ich dann immer beleidigt.

Jetzt gilt mein Prinzip – je kürzer desto besser. Je kürzer eine SMS ist, desto lockerer und cooler wirkt sie, als ob man sie nebenbei an der roten Ampel geschrieben hätte.

In meinem Fall kann ich dir sogar sagen, dass ich unzählige Dates den langen roten Ampelphasen auf Deutschlands Straßen zu verdanken habe.

Was muss eine SMS minimal enthalten?

Eine Aussage.

Ich bin berüchtigt für meine SMS mit exakt folgendem Wortlaut: „Bin in 5 Min da :)"

Ok, das Beispiel gilt eher für ein schon abgemachtes Treffen. Aber so weit entfernt von der Realität ist das nicht.

Weitere Beispiele für lockere, kurze SMS sind:

„Danke für den Tipp. Lg"

Kurz nach dem Ansprechen: „Was machst du eigentlich morgen abend?"

Was kann eine SMS noch alles enthalten?

Namen sind immer gut, sowohl ihrer als auch deiner.

„Hey Sophie, danke für den Tipp. Lg (Name)"

Schön sind zudem auch immer emotionale Wörter, wie zum Beispiel Lust, Spaß, aufregend, lustig.

Was sollte eine SMS maximal erhalten?

Du kannst natürlich auch mehr Inhalt in eine SMS reinpacken. Der Nachteil ist, dass du mehr investierst – und das spürt auch die Frau. Aber gleichzeitig kannst du natürlich mehr vermitteln, was diesen Nachteil wieder wettmacht.

Für die „erfolgreichste SMS" habe ich dir einen Quick-Guide erstellt. Nach diesem Prinzip kannst du deine SMS verfassen.

Walter Bodhi SMS-Guide: (Dein SMS-Assistent)

1. Begrüßung (eventuell mit Insider) "Na du", "Hey Teufel", etc.

2. Interessante Aussage

   "Wir genießen gerade das schöne Wetter", "Ich fahre gleich ins Kino", etc.

3. Interessierte Frage

   "Hast du noch den Schal bekommen?" "War das Essen lecker?"

4. Ende

   "lg (Name)", "bis denne", "viel Spaß noch, lg (Name)"

Ich empfehle dir mit der Größe der SMS zu variieren. Denn wenn du immer nach lediglich einem Prinzip SMS schreibst, bekommt die Frau schnell mit, dass du das irgendwoher ab-kopiert hast.

Die Kunst der Smilys

Smileys zu setzen, die oft unterschätzt wird. Zum einen sind Smileys der Ersatz deiner nonverbalen Kommunikation, da eine SMS von Natur aus weder Körpersprache noch die Intonation deiner Stimme enthält. Zum anderen haben Smileys die Fähigkeit komplette Sätze zu relativieren und gar umzudrehen.

Es gibt große Unterschiede zwischen einem „lächelnden Smiley" („:)"), einem „zwinkernden Smiley" („;)") und keinem Smiley. Alle drei Formen haben unterschiedliche Aussagen.

Nebenbei: Satzzeichen haben auch eine Bedeutung, die ist in einer SMS aber weitaus geringer.

Ein lächelnder Smiley hat folgende Eigenschaften:

- Er bestätigt Aussagen
- Er kann „böses" freundlich aussehen lassen
- Er ist der „liebe Smiley"

Ein zwinkernder Smiley hat folgende Eigenschaften:

- Er relativiert Aussagen
- Er kann „Böses" lustig aussehen lassen
- Er ist der „freche Smiley"

Beispiele für die Unterschiedliche Aussagekraft dieser zwei Smileys zeige ich dir hier:

Du: „Na, kleiner Teufel ;)"

Deine Aussage hier ist, dass sie ein frecher kleiner Teufel ist.

„Na, kleiner Teufel :)" Nach dem Motto: Der liebe, kleine, süße Teufel, oder: „Na kleiner Teufel!" nach dem Motto der böse Teufel wie er leibt und lebt.

Wie du siehst, hat drei Mal die gleiche Wortstruktur in Kombination mit verschiedenen Smileys drei verschiedene Bedeutungen.

Übrigens: SMS-Regeln gelten im Prinzip genauso für Nachrichten, die du im Internet versendest.

Das Telefongespräch ist aus Sicht der Kommunikation betrachtet, einem Gespräch von Person zu Person am ähnlichsten. Klar, die Körpersprache fehlt natürlich. Aber im Gegensatz zum SMS-Schreiben hast du bei einem Telefonat keine Bedenkzeit, sondern alles passiert in Echtzeit.

Und aus genau diesem Grund ist es hilfreich, sich während eines Telefonats mit einer heißen Frau an einer grundlegenden Struktur entlang hangeln zu können. Dies gibt zum einen Sicherheit und Selbstbewusstsein – zum anderen sprichst du alle essentiellen Punkte eines erfolgreichen Telefongesprächs an.

An dieser Stelle wird deutlich, dass du dir vor einem Gespräch klar machen solltest, was deine Absicht dieses Telefonats oder mit dieser Frau ist.

Ziele während eines Telefongesprächs

Dies tust du, indem du dir Ziele setzt. Deine persönlichen Ziele musst du dir natürlich jetzt selber setzen, aber ich gehe mit gutem Beispiel voran und zeige dir meine.

Meine allererste Regel ist immer, dass mir der Ausgang des Telefongespräches egal ist. Diese grundlegende Einstellung nimmt dir nicht nur Nervosität, sondern verhindert auch, dass du die Frau zu sehr bedrängst. Klar, ich möchte die Frau treffen, aber wenn es zeitlich oder aus anderen Gründen nicht passt, ist das kein Beinbruch. Ich versuche das Ganze auf etwas hinauszuführen, aber bleibe dennoch möglichst unabhängig vom letztendlichen Ergebnis.

Definiere zuerst für dich, wann du sie genau wiedersehen willst, um das Gespräch in Richtung dieses Ziels zu steuern. Behalte aber trotz dieses Ziels eine gewisse Egal- Einstellung zu dem, was du am Ende des Gesprächs als Ergebnis erhältst.

Manchmal versuche ich so schnell wie möglich ein Treffen zu verabreden, zum Beispiel wenn ich nur noch einen Tag in ihrer Stadt bin. Ein anderes Mal versuche ich nur etwas Rapport wiederherzustellen, um die Verbindung zwischen uns „frisch" zu halten. Beim nächsten Mal kann ich dann mehr daraus machen.

Für ein gutes Telefongespräch lässt sich ein Satz von festen

Regeln ableiten:

1. Wenn sie sagt, sie ruft dich gleich zurück, diskutiere nicht lange und sage einfach: "Ja, kein Problem. Bis gleich!"

2. Wenn sie nicht ans Telefon geht, schicke gleich eine kurze SMS hinterher mit deinem Anliegen, wie du dem SMS-Assistenten entnehmen kannst. Siehe SMS- Assistent (dieser Satz gilt nur, wenn du auf etwas Kurzfristiges aus bist und wenig Zeit zur Verfügung hast). Eine Mailbox-Nachricht würde

ich nicht hinterlassen, denn dies kann für sie unter Umständen schon zu aufdringlich wirken.

3. Sei konzentriert bei der Sache und mache nicht parallel etwas am Laptop, zumindest nicht wenn ihr euch noch nicht so gut kennt. Denn die ersten Minuten am Telefon sind fast so, als ob du sie gerade wieder neu ansprechen würdest.

Damit du am Telefon nicht vom Hölzchen aufs Stöckchen kommst und Zeit mit Nonsens verbringst, erhältst du nun eine grundlegende Struktur:

Struktur eines Telefongespräches

1. Sage von Anfang an, dass du nicht allzu viel Zeit hast. Dadurch kommst du gar nicht erst in die Gefahr, dass sie sich eingeengt fühlt.

2. Gesprächsinhalte:

Auf Altem Aufbauen: Spreche zuerst die Themen an, über die ihr bereits geredet habt. Das erzeugt Vertrautheit und erfrischt die Anziehung, die du beim kennenlernen erzeugt hast.

Du kannst dich über bereits beim Ansprechen verwendete Themen wie zum Beispiel Hobbys, Musikgeschmack oder Reisepläne weiter austauschen.

Smalltalk: Wichtig für jedes gute Telefongespräch ist die notwendige Portion an Smalltalk.

Smalltalk muss keinen bedeutenden Inhalt haben. Es geht vielmehr um lockere und spontane Dinge, über die ihr sprecht. Stelle dir vor, ihr zwei wärt schon lange befreundet. Dann würdet ihr selbstverständlich darüber plaudern, was ihr gerade macht, noch so für die nächsten Tage geplant habt oder sogar über eine Fernsehsendung, die ihr gesehen habt.

Smalltalk sorgt somit ebenfalls für deine Wandlung vom Unbekannten zum Bekannten, denn nur mit Bekannten plaudert man so ausgiebig über eigentlich „Belangloses".

Spannung erzeugen: Schneide ein bis zwei interessante Geschichten über dich an, aber führe sie nicht zu Ende. Lasse vielmehr ein offenes Ende, wie bei einem spannenden Film.

Selbst wenn sie nachhakt und quengelt, vertröstest du sie mit der Auflösung auf einen anderen Zeitpunkt. Besonders geeignet sind natürlich aufregende Erlebnisse oder Abenteuer, die du zum Beispiel im Urlaub erlebt hast.

Entlocke ihre ersten „Geheimnisse": Jede Frau hat gewisse Vorlieben und Abneigungen. Ich kenne Frauen, die würden für eine bestimmte Sorte Schokolade töten. Ich kenne Frauen, die sind schlecht drauf, weil es ihnen zu kalt ist. Finde heraus auf was sie steht, was sie mag.

All das sind Feinheiten, die du üblicherweise erst weit später im Prozess des Kennenlernens erfährst.

An dieser Stelle erschaffst du dir aber einen Vorteil, indem du versuchst zwei bis drei dieser „Geheimnisse" rauszufinden, um sie später für dich zu nutzen.

Stelle dir vor, wie sie gerade im Winter fröstelnd mit dir spazieren geht. Wenn du weißt, dass sie die Kälte nicht leiden kann, kannst du mit ihr einen Abstecher auf den Weihnachtsmarkt machen. Mit einem Glühwein der inklusive Pfand auch „höchstens" fünf Euro kostet, hellt sich ihre Stimmung bestimmt ganz fix auf.

Oder noch besser: Wenn sie in einem Nebensatz erwähnt, dass sie gerne schwimmt, dann kannst du vorschlagen, gemeinsam ins Schwimmbad zu gehen.

Du siehst, von dem Wissen über ihre „Geheimnisse" profitiert nicht nur sie sondern auch vor allem du!

3. Detektivarbeit während deines Telefongesprächs

Finde heraus, wie ihr Terminkalender aussieht, um mögliche Tage für ein Date zu erfahren. Erwähnt sie beispielsweise, dass sie jeden Dienstag Handball-Training hat, wäre es an deiner Stelle nicht so schlau, an dem besagten Tag ein Treffen vorzuschlagen.

4. Der perfekte Abschluss eines Telefongespräches

Schneide in Richtung Abschluss erneut ein interessantes Thema an, aber führe es nicht zu Ende, sondern vertage es wie oben beschrieben. Dadurch baust du einen netten Spannungsbogen für sie auf, den sie nur lösen kann, wenn sie sich mit dir trifft oder noch mal telefoniert. Somit hast du ständig einen „Fuß in ihrer Tür" und sie wird auch von sich aus versuchen euren Flirt aufrecht zu halten.

Betone anschließend, dass du jetzt wirklich weg musst, um das Gespräch schon fast zu beenden, aber noch nicht ganz.

Denn jetzt hast du zwei Optionen:

Entweder sagst du: „Wir hören uns." oder „Lass uns demnächst mal schreiben/telefonieren."
Oder du atmest tief durch – natürlich nicht hörbar - (nimmst allen Mut zusammen) und schlägst ein Treffen vor.

Wenn du ein Treffen vorschlägst, gib ihr zwei Termine zur Auswahl. Durch diese „Pseudo-Alternative" überlegt sie nicht zwischen einem „Ja" oder „Nein" zu dir, sondern nur welcher Termin ihr besser passt.

Wichtig: Gestalte aber nie, nie und ich betone erneut niemals deinen Terminkalender nach ihrem Zeitplan. Selbst wenn sie deine absolute Traumfrau ist, ist das noch lange kein Grund.

Denn das ist gleichbedeutend mit Nachlaufen und Nice-Guy-Verhalten im schwersten Stadium.

Nenne ihr als Pseudoalternative zum Beispiel Dienstag oder Donnerstag. Das gibt ihr eine Auswahlmöglichkeit und hoffentlich bist du gleichzeitig nicht einer, der seinen kompletten Terminkalender nach ihr richtet.

Zusätzlich kannst du dir überlegen, ob du auch zwei Uhrzeiten vorschlagen möchtest, wie zum Beispiel: „19 oder 20 Uhr?"

Damit der Abschluss nicht zu plump kommt, halte abschließend noch ein bis zwei Minuten Small Talk und verabschiede dich dann.

In den bisherigen Kapiteln hast du gelernt, wie du eine Frau an verschiedenen Orten effektiv ansprichst, sie anziehst und ein anregendes Gespräch mit ihr führst.

Ich nehme mal an, dass ein Gespräch nicht das Hauptmotiv deiner Bemühungen war. Sicherlich, mit attraktiven Frauen zu flirten macht Spaß und ist unterhaltsam.

Aber ich denke, du willst noch mehr!

Außerdem hast du bereits gelernt von den oben genannten Vorstufen Ansprechen, Anziehung und Gespräch zu einem wundervollem Date oder einem leidenschaftlichen Küssen überzuleiten.

Das ist schon eher, was du willst - oder?

In diesem Kapitel geht es aus genau diesem Grunde darum, dir diese Wünsche schneller zu erfüllen. Du lernst hier auf das lodernde Feuer eures Flirts noch einige Briketts draufzulegen.

Dadurch, dass du ihre weiblichen Emotionen schneller zum Kochen bringst, gelangst du zügiger vom Gespräch auf die Telefonnummer, ein Date, den Kuss und vor zum Finale – dem Sex oder einer Beziehung.

Da diese Techniken essentielle weibliche Emotionen berühren und auslösen, handelt es sich nicht nur um Beschleuniger. Zusätzlich runden sie deinen Flirt ab und sichern deinen Erfolg.

Der 1. Beschleuniger: Bringe sie zum Investieren

Als erstes wirkungsvolles „Brikett" stelle ich dir das Prinzip des Investierens vor. Zur Erläuterung des Prinzips beginne ich mit einer kleinen Geschichte aus dem Alltag:

Geschichte zum Investment

Du kommst mit dem Zug am Hauptbahnhof an und jemand kommt auf dich zu. Sie sagt dir, dass du für fünf Minuten Fragebogen ausfüllen musst und dafür einen Karamell-Cappuccino in XXL gratis erhältst. Du gehst die 300 Meter zum Stand, wo die Umfrage stattfindet.

Am Eingang wird dir gesagt, dass der Cappuccino doch nur Medium groß ist. Jetzt denkst du dir vielleicht: „Ok jetzt bin ich 300 Meter gelaufen, Medium reicht mir auch."

Dann beantwortest du die Fragen und natürlich dauert es länger. Nach fünf Minuten, also bei der Hälfte des Fragebogens sagt man dir, dass sie keine Milch mehr haben. Es ist also doch eher nur ein Espresso.

Du denkst dir wieder: „Ok jetzt habe ich schon fünf Minuten beantwortet, jetzt kommt es darauf auch nicht mehr an."

Als du fertig bist, erhältst du ein Glas Wasser mit der fadenscheinigen Begründung, dass die Kaffeebohnen auch aus seien.

Glaub mir, ich wäre darauf auch voll und ganz reingefallen. Das ist menschlich. Das Beispiel war vielleicht extrem, aber zeigt sehr gut die Folgen des Investierens auf – nämlich, dass du auf Grund deines bisherigen Investments an getroffenen Entscheidungen festhältst.

Das Investment ist eine der Königsdisziplinen in der Verführung!

Was meine ich damit?

Die meisten Männer würden jede halbwegs attraktive Frau mit ins Bett nehmen, wenn sich die Gelegenheit dazu ergibt. Und das einfach nur, weil sie eine Frau und halbwegs attraktiv ist.

Sonst hat sie zu der Verführung rein gar nichts beigetragen.

Wie sich das immer wieder im echten Leben abspielt, zeige ich dir an Hand einer häufigen Situation:

Markus hat mit Martina ein Date. Er holt sie von Zuhause mit einer Rose ab, trägt ihre Tasche auf dem Weg zur Bar. Am Ende des Dates bezahlt er ihre Getränke und versucht zudem noch die ganze Zeit zu demonstrieren, was für ein toller Hecht er ist.

Martina hat nichts getan, außer physisch anwesend und gesprächsbereit zu sein. Ehrlich gesagt hat Markus ihr aber auch gar nicht die Chance gegeben, etwas für ihn zu tun.

Und das ist genau der falsche Ansatz, durch den entweder nach einem Date Schluss ist oder Markus in die unglückliche Lage kommt, dieses Verhalten immer mehr steigern zu müssen, um das erste Date zu übertreffen.

Ist das nicht eine ungerechte Welt? Frauen müssen gar nichts tun, und bekommen trotzdem Männer ab?

Das waren natürlich rhetorische Fragen. Denn wer ist denn verantwortlich dafür? Die Verantwortung liegt ganz klar bei uns Männern, denn wir machen es Frauen generell viel zu einfach. Frauen sollten etwas dafür tun, um das zu bekommen, was SIE wollen – einen Mann und guten Sex oder eine Beziehung.

Um sich als potentielle Partnerin für Sex oder eine Beziehung zu qualifizieren, sollten auch Frauen ausreichend investieren. Sie sollten nette Dinge für uns tun, uns Komplimente geben und uns natürlich erzählen, was für eine tolle „Hechtin" sie ist.

Aber um dieses Ungerechtigkeit aus der Welt zu schaffen, musst du dir zuerst klar machen, wie du eine Frau dazu bringst, in dich zu investieren

1. Stelle ihr Fragen so, dass sie diese möglichst nicht mit einer kurzen Antwort beantworten kann. Sie muss sich Gedanken darüber machen, um dir eine gute Antwort zu geben.

Gesprächsbeispiel:

> Du: „Auf einer Skala von 1 – 10: wie spontan und abenteuerlich
> bist du?"

Hier holen Frauen oft weiter aus, da sie nicht wie ein Mann nur die Zahl nennen, sondern diese anschließend auch erläutern.

Oder:

> Du: „Du machst doch bestimmt gerne Sport, oder?"

Die Frage „Machst du Sport?" hätte sie mit einem einfachen „Ja" oder „Nein" beenden können. In dieser Frage wird sie durch die positive Grundannahme, dass sie bestimmt ein sportlicher Mensch sei, dazu gebracht, mehr von sich preiszugeben.

2. Du kannst Aussagen treffen, und schauen wie sie darauf reagiert: Wenn du es richtig machst, fängt sie von sich aus an, zu reden und dir zu zeigen, „wie cool" sie ist.

Zum Beispiel:

> Du: „Weißt du was mir an Frauen besonders wichtig ist? Ich liebe es, wenn sie spontan sind."

Oder:

> „Ich habe   gehört, Frauen aus (ihre Stadt) seien immer so reserviert."

Ihre Reaktionen und deine Möglichkeiten:

Es gibt nur zwei mögliche Reaktionen ihrerseits:

Entweder investiert sie, indem sie versucht, dir eine sehr ausführliche Antwort zu geben. Oder sie investiert wenig und die Antwort fällt eher mager aus.

Der erste Fall: Sie investiert.

Im ersten Fall solltest du sie für ihr Investment mit einem leichten Kompliment oder einem positiven Kommentar belohnen. Denn für positives Verhalten verdient sie, gefördert zu werden. Optional kannst du versuchen, die Latte ein wenig höher zu legen:

Beispiel:

> Du: „Auf einer Skala von 1 – 10: wie spontan und abenteuerlich bist du?"
> Sie: „Hmm... Ich würde sagen 9. Ich bin eigentlich immer sehr spontan."

Hier ist nicht nur die Aussage an sich gut, sondern sie gibt mehr als nur allein die geforderte Antwort. Deshalb kannst du sie jetzt belohnen und Latte höher setzen:

Du: „Cool, das gefällt mir. Was war denn dann das Spontanste und Verrückteste, was du jemals gemacht hast?"

Oder:

Du: „Du machst doch bestimmt gerne Sport, oder?"

Sie: „Ja total gerne. Ich war heute schon zwei Stunden joggen und gehe oft zum Tennis."

Belohnen und höher setzen wäre in diesem Fall:

Du: „Hey, das finde ich super! Ich kenne wenige Frauen, die so aktiv sind. Wie oft läufst du in der Woche?"

Der zweite Fall: Sie investiert nicht

Sollte sie zwar die Frage beantwortet haben, aber nur kurz und knapp, dann setze die Latte niedriger:

> Du: „Auf einer Skala von 1 – 10: wie spontan und abenteuerlich bist du?"
>
> Sie: „Hmm...3"

Hier war nicht nur die Aussage eher lahm, sondern der ganze Satz relativ dürftig. Hey, ich meine wir wollen hier Konversation bertreiben und flirten. So geht das wirklich nicht – wir helfen ein wenig nach.

Deshalb setze die Latte etwas niedriger:

> Du: „Ok, hast du noch nie etwas gemacht, was ein wenig spontan war?
>
> Sie: „Doch klar. Damals im Urlaub sind wir (...)"
>
> Du: „Coole Geschichte. Wir hatten eine ähnliche Situation (...). Habt ihr euch getraut?"

Und ab dann kannst du die Latte wieder Stück für Stück höher legen. Ein anderes Beispiel:

> Du: „Du machst doch bestimmt gerne Sport oder?"
>
> Sie: „Hm, ja...hin und wieder."
>
> Du: „Was hast du denn früher gemacht?"
>
> Sie: „Ich war fünf Jahre im Tennis-Verein."

Du: „Cool, ich mag auch gerne Tennis, ich habe früher im Sommer immer Tag und Nacht durchgespielt. Hast du dich auch so reingehängt?"

Und nach diesem Prinzip kannst du dieses Thema immer weiter und weiter führen. Und jedes Mal investiert sie mehr und mehr in die Konversation und somit in dich.

Deine „Belohnung" für gute Antworten kannst du auch spielerisch formulieren.

Erfinde ein Punktesystem, in dem du ihr Punkte gibst. Am Ende wartet dann eine Belohnung auf sie. Natürlich ist dies nicht ganz ernst, aber sie wird eine Menge investieren, um spielerisch nach den Punkten zu jagen. Denn merke: Nicht nur Männer jagen von Natur aus Punkte-Highscores. Beispiel:

Du: „Du machst doch bestimmt gerne Sport oder?"
Sie: „Ja total gerne. Ich war heute schon zwei Stunden joggen und gehe oft zum Tennis."
Du: „Hey, das finde ich super. Es gibt heutzutage nur noch wenige Frauen, die so aktiv sind. Dafür kriegst du jetzt drei Gummi- Punkte von mir. Wie oft läufst du in der Woche?"
Sie: „Zwei bis Drei Mal ungefähr, vor allem wenn die Sonne scheint
macht es mir sehr viel Spaß."

> Du: „Ok, das gibt wieder drei Gummi-Punkte. Bei zehn Punkten nehme ich dich mit auf meine Insel."

Irgendwann später:

> Du: „Ich lese gerade das neue Buch von Dan Brown. Was für ein
> Buch liest du zurzeit?"
> Sie: „Ich hatte in letzter Zeit wenig Gelegenheit zu."
> Du: „Oh oh, das gibt Punktabzug. Jetzt hast du nur noch drei
> Gummi-Punkte."
> Sie: „Ok, aber ich musste viel arbeiten und war ja so viel joggen bei dem schönen Wetter."
> Du: „Ok, hast du wieder wett gemacht. Sechs Gummi-Punkte."

Wenn sie dann die zehn Punkte endlich erreicht, offenbare ihr die unglaubliche Überraschung, für die sie sich so sehr ins Zeug gelegt hat – zu Recht!

> Du: „Jetzt hast du tatsächlich zehn Punkte. Nun muss ich dich auf meine Insel mitnehmen. Hmm, ich bin mir noch so unsicher, ob du auch brav genug dafür bist."
> Sie: „Doch ich bin ganz brav, versprochen"

> Du: „Ok, dann vertraue ich dir erst mal meine Nummer an, damit du mich daran erinnern kannst."

Tauscht dann die Nummern - natürlich nimmst du auch ihre. Merkst du, dass du ganz nebenbei ihre Nummer eingesackt hast ohne einen „Big Deal" daraus zu machen? Weiter so!

Als zweite Ausprägung des Investments gibt es das Investment der „äußeren Form"

Der erste Investitionspunkt bezog sich nur auf eure Kommunikation untereinander. Es ging um die Frage: Investiert sie in das Gespräch? Neben dieser subtilen Investition existiert außerdem das Investment der „äußeren Form". Damit sind Dinge gemeint, die von außen beobachtet werden können wie:

- -Spendiert sie dir ein Getränk oder du ihr?
- -Lehnt sie sich beim Gespräch zu dir herüber, oder du zu ihr?
- -Wartet sie auf dich oder du auf sie?

1. Das Getränk:

Gängige Erwartung in Deutschland ist: Der Mann gibt aus. Tolle Konvention – viele Gesellschaftliche Regeln sorgen dafür, dass ein Mann weit mehr für einen Flirt oder ein Date tun muss, als die Frau.

Gerade deswegen kannst du dir Konventionen zu Nutze machen und zwar, indem du sie brichst. Hebe dich von den anderen Männern ab, indem sie dir zu erst etwas ausgibt.

Ein simpler Satz genügt:

Wenn sie an die Theke geht, um etwas zu bestellen, sag ihr einfach „Oh, bist du so nett und bringst mir ein Pils mit."

Und wenn sie dann wieder zurückkommt, sag ihr: „Das war sehr nett, die nächste Runde geht auf mich."

2. Das Hinein-Lehnen beim Gespräch:

Sitze etwas zurückgelehnt, wenn du mit ihr redest und nicht umgekehrt. Deswegen ist es immer von Vorteil auf dem Sofa an der Wand zu sitzen.

Wenn du sie nicht verstehen kannst, bitte sie lauter zu reden, anstatt dich rein zu lehnen.

Wenn du redest, lehne dich nicht rein, sondern rede etwas lauter und deutlicher als sonst, damit sie dich auch gut verstehen kann.

Ein kleiner Kniff ist es, zwischendurch immer mal wieder etwas leiser zu reden, denn dann lehnt sie sich ganz automatisch in dich rein.

Darüber hinaus kannst du ihr zum Beispiel etwas zum Spaß wegnehmen. Somit muss sie sich die ganze Zeit zu dir hin lehnen, um es wieder zu bekommen – oder zumindest um es zu versuchen.

3. Das Warten:

Kennst du das vielleicht? Eine Frau sagt zu dir, sie sei kurz auf Toilette und komme dann wieder. Du wartest und wartest und wartest. Ich kenne Männer die in Hoffnung auf einen neuen Guinness-Weltrekord mehr als zwei Stunden dort ausharren. Und trotzdem kommt sie einfach nicht wieder? Dann hat sie es geschafft, du investierst in sie – und das extrem.

Wir wollen hingegen nicht ganz so gemein sein:

Wenn du auf Toilette gehst, gib ihr zum Beispiel dein Getränk in die Hand, worauf sie aufpassen soll und sag ihr „Warte bitte kurz, bin gleich wieder da."

Dadurch, dass sie etwas von dir hat, wird sie eher nicht weggehen.

2. Kriterien definieren und kommunizieren (die Frau qualifizieren)

Am Anfang dieses Kapitels habe ich gefordert, dass Frauen für den Erfolg mit einem Mann arbeiten müssen und nicht „Däumchen drehen" dürfen – nur weil sie eine attraktive Frau sind.

Im vorigen Punkt, dem Investment, hast du sie zum „Arbeiten" bewegt, wodurch sie in dich investierte. Also ist der erste Punkt des Rollenwechsels beim Flirt vollzogen. Der Mann investiert zwar immer noch, aber nun macht die Frau ein klein wenig mehr – perfekt!

Durch ihr Investment hat sie sich nun also als potentielle Partnerin positioniert.

Aber Stopp! Es gibt noch ein weiteres wichtiges Prinzip, was wir uns von den Frauen abschauen können.

Sei wählerisch!

Durch den Punkt des Investments haben wir nun eine attraktive Frau, die auch noch in unser Kennen lernen hinein investiert. Das ist schon mal gut, aber bei weitem noch nicht alles.

Ist sie intelligent? Ist sie ein umgänglicher, sozialer Mensch? Ist sie selbstbewusst? Ist sie kommunikativ und lustig? Ist sie spontan?

Diese Frage-Liste könnte ich unendlich lange fortführen. Dies sind Werte und Einstellungen, die ich bei einer Frau abchecke. Denn ich habe im Laufe meines Lebens gelernt, dass eine Frau diese erfüllen muss, damit ich mit ihr eine schöne, harmonische – nicht stressige und streitende Zeit verbringe.

Ich weiß, ich setze die Latte sehr hoch. Aber dies kannst auch du nach dem Lesen dieses Buches tun. Deine Kriterien können hierfür übrigens auch ganz andere sein! Schließlich geht es hier darum, deine Traumfrau(en) kennen zu lernen und da gibt es viele verschiedene Geschmäcker.

Mache es anders als alle anderen Männer und setze nicht auf das Mittelmaß. Gerade äußerst attraktive, umworbene Frauen wissen dies sehr zu schätzen.

Und glaube mir, es gibt genug Fische im Meer, die deine persönlichen Kriterien mehr als erfüllen. Mein Rat ist es also, den „Beifang" auszusortieren. Wenn du eine wunderschöne Forelle möchtest, musst du alle anderen Fische zurück ins Wasser werfen, die keine Forelle oder nicht „wunderschön" sind.

Denn nur auf diesem Wege kommst du deinen Traumfrauen auch wirklich näher.

Ich weiß das kostet Mut und gerade am Anfang, an dem du dich über jeden Frauenerfolg freuen kannst, musst du nicht so knallhart aussortieren. Aber wenn es dann irgendwann rund läuft und du bereits erfolgreich bei Frauen bist, rate ich die Frauen ganz bewusst auszusortieren, die du nicht suchst.

Erstelle dir – am besten jetzt – Kriterien, was du wirklich von einer Frau willst, was eine Frau haben muss, wie eine Frau sein muss. Nimm dir ein Blatt Papier und stelle deine eigene Checkliste zusammen.

Bei jeder Frau kannst du dann ganz TÜV-mäßig überprüfen, ob sie deine Kriterien erfüllt oder wenn nicht, nicht „dein Gütesiegel" erhält.

Ein paar Beispiele:

Sportlichkeit:

> Du: „Ich liebe es ja zu joggen, du machst doch bestimmt auch einen Sport?"

Musikgeschmack:

> Du: „Was für Musik hörst du gerne?"

Modebewusstsein:

> Du: „Du schaust bestimmt öfters in Mode-Zeitschriften nach dem neuesten Trend, wie ich sehe. Du hast dir bestimmt Mühe bei der Wahl deines Outfits gegeben."

Und im Laufe der Zeit kannst du aus ihren Aussagen und Antworten ableiten, wie gut sie zu dir passt.

Wenn du weißt, was du willst, dann kannst du auch ohne Probleme einfach mal innerlich zu dir selber sagen "Auf die habe ich jetzt einfach keine Lust, ich nehme mir lieber eine andere."

Was meinst du wie unglaublich das deine Wirkung auf Frauen verstärken wird, denn die riechen wählerische Männer zehn Meilen gegen den Wind. Und sie wissen: Nur ein Mann, der Erfolg bei Frauen hat, kann es sich leisten wählerisch zu sein...

Wenn sie dir aber eine Antwort gibt, die zu deinen Kriterien passt, dann belohne sie dafür mit einem Kompliment oder einem einfachen „cool".

Gibt sie dir eine Antwort, die nicht zu deinen Kriterien passt, dann schau doch mal, ob sie zu anderen Fragen bessere Antworten gibt.

Und wenn nicht, ist es an der Zeit, dich anderen attraktiven Frauen zu widmen.

3. Offene Geschichten

Offene Geschichten sind ein Werkzeug, welches Spannung und Hoffnung auf mehr erzeugen kann – vorausgesetzt es wird geschickt eingesetzt.

Sie sind nicht nur nützlich, wenn du mit ihr telefonierst oder SMS schreibst um ein Date auszumachen.

Ebenso hilfreich sind sie, wenn du im Club bist und deine Eroberung mit nach Hause nehmen willst. Oder ebenso in vielen anderen Situationen, um die Frau dazu zu bringen, dass sie emotional in dich investiert.

Es gibt zwei verschiedene Varianten an offenen Geschichten

Die eine Variante ist es eine wirklich spannende Geschichte zu erzählen, sodass sie sich emotional in die Geschichte hereingesogen fühlt. Aber dann führst du die Geschichte nicht zu Ende.
Somit wird sie einiges tun, um ihre emotionalen Bedürfnisse zu befriedigen und den Weitergang der Geschichte nachhaken und -fragen. Sie investiert also emotional in die Geschichte.

Gesprächsbeispiel:

„Warst du im Urlaub schon mal tauchen? Das ist echt zu meiner
großen Leidenschaft geworden. Letztes Jahr war ich in Thailand. Und was ich da gesehen habe, war echt atemberaubend. Als ich dort das erste Mal im Meer herum getaucht bin, hatte ich das Gefühl in einem Aquarium zu schwimmen. Alles war so schön bunt und schillernd und die kleinen Fische sind so nah um mich herum geschwommen, dass es sogar gekitzelt hat. Aber das aufregendste habe ich noch gar nicht erzählt."

Und an diesem Punkt hältst du nun den Fortgang der Erzählung absichtlich zurück. Sie wird vorerst noch nichts von dem kleinen Hai wissen, der dir unter Wasser begegnet ist.

Sie wird versuchen, dir genau jetzt das Aufregende aus der Nase zu ziehen. Aber betrachte es als kleines Spiel, denn quengelnde Frauen können unglaublich attraktiv sein.

Darüber hinaus investiert sie durch das viele Nachfragen immer mehr.

Es gibt außerdem noch eine Variante, bei der du überhaupt keine gute Geschichte parat hast, sondern einfach „bluffst."

Gesprächsbeispiele:

Du: „Weißt du was lustig ist? …. Ach egal" Sie: „Sag doch!" Du: „Nee, egal." Sie: „Nein, sag doch bitte!"

Oder:

Du: Tue so, als ob dir an ihr etwas aufgefallen ist und winke dann ab oder schüttel deinen Kopf, um zu zeigen, dass es doch nicht so wichtig war. Sie: „Was ist?" Du: „Nichts." oder „Ach, egal." Sie: „Oh Mann, saaag doch bitte!"

Auch bei dieser Variante steckt sie weit mehr Energie in den Flirt als du.

Du kannst sie in beiden Varianten gut vertrösten mit: „Ich erzähle es dir später."

Das Später könnte dann auf einem Date, bei einem anderen Telefonat oder später bei dir Zuhause sein.

4. Das „Gedankenlesen"

Ein kleines aber mächtiges Werkzeug zur Beschleunigung deines Flirts ist das „Gedankenlesen."

Gedanken musst du dafür natürlich nicht wirklich lesen können. Es geht vielmehr darum, einer Frau den Eindruck zu vermitteln, dass man in sie „hineinschauen" kann. Weibliche Wesen fühlen sich dadurch auf einer tiefen Ebene endlich mal von einem Mann verstanden und sie bauen in der Folge schneller Vertrauen zu dir auf.

Für erfolgreiches Gedankenlesen musst du nicht Uri Geller sein und benötigst auch kein Diplom in Psychologie. Ähnlich wie ein Wahrsager benutzt du einfach Fakten, die auf unglaublich viele Frauen zutreffen würden.

Den „Wow-Effekt" auf Frauen schmälert das in keinster Weise, da sie weit weniger logisch hinterfragen als wir Männer.

Hier sind einige Aussagen, die fast auf jede Frau zutreffen

- „Du kriegst bestimmt schnell kalte Füße im Bett."

- „Du bist jemand, der bestimmt am Anfang noch etwas schüchtern und distanziert ist. Aber wenn du jemanden gut kennst, dann kannst du gar nicht mehr aufhören zu reden."

- „Du liebst es zu kuscheln, oder?"

- „Du stehst sicherlich eher auf Schokolade oder Süßes als auf Chips."

5. Für Fortgeschrittene - sich disqualifizieren

Warum sagen, man sei etwas „schlechteres" als man eigentlich ist? Warum seine Schwächen zugeben? Das hört sich doch beim ersten Lesen völlig absurd an. Stimmt, aber auch hier müssen wir von der Oberfläche der Botschaft eine Ebene tiefer gehen. Du erinnerst dich, dass ich über das Thema Investition sprach.

Jetzt nehmen wir mal als Beispiel jemanden, der eine Frau ununterbrochen erzählt, wie viel Geld er hat, wie gut er im Bett ist oder sei es nur, dass er einfach versucht sie zu beeindrucken. Er investiert in sie, er jagt sie, er wirbt für sich. Das kommt schnell sehr bedürftig rüber.

Natürlich solltest du nicht konstant erzählen, dass du ein Loser bist. Das wäre zu viel des Guten, denn viel hilft in diesem Fall NICHT viel.

An dieser Stelle geht es darum einen gesunden Mittelweg zu finden. Du erzählst zu ¾ Geschichten, die einen hohen Wert kommunizieren (natürlich subtil und unterbewusst) und gleichzeitig disqualifizierst du dich offensichtlich, als ob es dir nicht so wichtig ist, was sie von dir denkt.

Beispiel:

Sie: „Was machst du beruflich?"
Du: „Ich bin ein ganz langweiliger Mitarbeiter in einer Firma."
(Zwinkern)

Anstatt:

Sie: „Was machst du beruflich?"
Du: „Ich bin der Chief Executive Officer einer Unternehmensberatung."

Oder:

> Du (allen Ernstes): „Ich arbeite bei McDonalds und bin gerade Mitarbeiter des Monats geworden."

In beiden Fällen hast du danach zwei Alternativen. Entweder das so stehen zu lassen oder nach drei Sekunden Pause einfach loszulachen.

In beiden Fällen zeigst du, dass dir egal ist, was sie von dir denkt und sie gerne auf die Schippe nimmst.

Weitere Beispiele:

Wenn sie etwas sagt, was sie macht, wie z.B. Tennis spielen, Leichtathletik, Musik, oder Ähnliches, kannst du antworten mit „Cool... oh nein, darin bin ich völlig untalentiert. Jetzt hast du mich erwischt."

Wenn du ihr z.B. ganz viele Komplimente gibst, kannst du – in dem Fall ist es dann auch eher scherzhaft gemeint – sagen: „Ich habe eh keine Chance bei dir zu landen", aber das muss in dem Fall wirklich scherzhaft rüberkommen!

6. Die sichere Nummer

Wenn sich nicht gerade alles spontan auf einmal ergibt und du sie von eine Bar oder Club direkt nach Hause nimmst, gilt meine Faustregel:

„Um eine sichere Nummer zu schieben, musst du eine sichere Nummer kriegen." Wem sich dieser Satz nicht sofort erschließt, kann sich von dieser Erklärung aufklären lassen. (Nummer schieben = Mit einer Frau etwas anzufangen) (Nummer kriegen = ihre Telefonnummer bekommen)

Und deshalb gehe ich hier noch einmal etwas ausführlicher auf das „Nummer kriegen" ein und behandle folgende beiden Themen:

- Die 3 Umstände, mit denen du zu 99,9% Sicherheit ihre Nummer bekommst
- Die 8 soliden Schritte zu einer sicheren Nummer

Fangen wir mit dem ersten an:

Die 3 Umstände, mit denen du zu 99,9% Sicherheit ihre Nummer bekommst

Jetzt, wo ich dir von meinen Verführungsbeschleunigern erzählt habe, kann ich dir dies an die Hand geben.

#1: Sie hat in dich investiert.

Beispiel:

> Du: „Schwimmst du gerne?"
>
> Sie: „Ja total gerne."
>
> Du: „Du bist bestimmt eher der gemütliche Schwimmer
> oder?
>
> (zwinkern)."
>
> Sie: „Neeeein, das stimmt nicht, ich schwimme immer
> mindestens Fünf Bahnen."

#2: Du hast ihr eine offene Geschichte erzählt, aber nicht zu Ende geführt und sie bettelt die ganze Zeit nach mehr.

Beispiel:

> Du: „Weißt du, woran du mich erinnerst? ... Ach egal."
>
> Sie: „Was denn?"
>
> Du: „Ach nicht soo wichtig." Sie: „Oh man, saaaag bitte."

#3: Sie stellt dir Fragen.

Beispiel:

> Sie: „Was machst du heute noch so?“

Oder:

> Sie: „Machst du Sport?“

Bedenke, dass dies hier nur ein Leitfaden ist, denn natürlich ist es sehr gut möglich, dass du es auch ohne eine einzige dieser Umstände schaffst, dir ihre Nummer zu sichern.

Aber die Wahrscheinlichkeit erhöht sich mit jedem weiteren dieser Umstände!

Sind diese drei Umstände erfüllt, kannst du dir nämlich sehr sicher sein, dass du - vorausgesetzt du stellst es richtig an – ihre Nummer bekommen wirst.

Falls du mal die Situation erlebt hast, dass du zwar ihre Nummer erhalten hast, sie sich aber als falsch herausgestellt hat oder sie nie geantwortet hast, kommt hier der Weg, wie du an eine solide und sichere Nummer gelangst.

Ich erkläre das anhand eines Beispiels: Falsch:

> Sie: „Machst du Sport?"
>
> Du: „Ja, ich spiele Fußball, früher viel, jetzt nicht mehr so viel. Ich
> muss weiter, gib mir doch mal deine Nummer."

Das war nicht nur zusammenhangslos, sondern auch schlecht formuliert. Vielleicht gibt sie dir ihre Nummer, aber die Wahrscheinlichkeit, dass sie wirklich sicher und solide ist, ist nicht allzu groß.

Beispiel, wie du es richtig machst:

> Sie: „Machst du Sport?"
> Du: „Ja, ich spiele Fußball, früher viel, jetzt nicht mehr so viel. (Auf die Uhr schauend) Oh, ich sehe gerade ich muss weiter. Aber wenn du magst können wir die Konversation über Sport und Co. ja fortsetzen. Hmm... was machst du am Montag oder Mittwoch?
> Ich will ein neues Café ausprobieren, vielleicht hast du Lust mitzukommen und ich erzähle dir dann vielleicht auch, woran du mich erinnerst. (Zwinkern)."
> Sie: „Haha, ok gerne.
> Du: „Dann lass uns doch mal zur Terminabsprache die Nummern austauschen." Sie: „Ok."
> Du (Handy rausholend, du tippst schon ihren Namen ein): „Sara mit oder ohne „H"?"

> Sie: „Ohne."
>
> Du: „Oh, das ist selten, also. (Ihr das Handy gebend)"
>
> Sie tippt ihre Nummer ein.
>
> Du (sie anklingelnd): „Ich klingel dich mal an, dann hast du auch meine."
>
> Sie: „Ok... ist da, danke!"
>
> Du: „Wohin gehst du jetzt noch?"
>
> Sie: „Zu einer netten Schuh-Boutique."
>
> Du: „Cool, dann wünsche ich dir viel Spaß, ich melde mich heute
>
> Abend mal."
>
> Sie: „Danke, ja bis heute Abend dann."

Natürlich stehst du dann auch zu deinem Wort!

Was war also alles zu beachten?

1. Gute Einleitung:

(„Oh, ich sehe gerade ich muss weiter. Aber wenn du magst können wir die Konversation über Sport und Co. ja fortsetzen.")

2. Weiteres Treffen planen:

(„Was machst du am Montag oder Mittwoch?")

3. Ihr Appetit auf mehr machen:

(„und ich erzähle dir dann vielleicht auch, woran du mich erinnerst." (Zwinkern).)

4. Weswegen die Nummer:

(„Dann lass uns doch mal zur Terminabsprache die Nummern austauschen.")

5. Namen schon eintippen und Smalltalk halten:

(„Sara mit oder ohne „H"?)

6. Anklingeln

7. Smalltalk:

(„Wohin gehst du jetzt noch?")

8. Anruf oder SMS vorankündigen:

(„Ich melde mich heute Abend mal.")

Wenn du zumindest die meisten dieser acht Punkte beachtest, steht einer sicheren und soliden Nummer nichts mehr im Wege.

Natürlich ist es von Nutzen, wenn ihr vorher eine gewisse Basis – auch Rapport genannt - aufgebaut habt.

Denn in Kombination damit lässt keine Frau mehr von dir ab. Was Rapport genau ist, erfährst du hier im nächsten Kapitel.

Rapport ist ein Begriff der Sozialpsychologie. Rapport liegt immer dann vor, wenn mindestens zwei Menschen miteinander interagieren und dabei ihre Kommunikation (verbal und nonverbal) einander angleichen.

Sie bringen also ihr Verhalten in ein „harmonisches Verhältnis".

Vielleicht denkst du dir nun: „Das ist ja schön und gut, aber was bringt mir das für meinen Frauenerfolg?"

Mehr als du dir im Moment denkst! Rapport ist eines der mächtigsten Werkzeuge, wenn du Erfolg bei Frauen haben willst. Die Wissenschaft formuliert trocken, dass Menschen bei bestehendem Rapport sich tendenziell positiver bewerten, sich eher vertrauen und Gesagtes wohlwollender betrachten.

Das ist wirklich trocken. Auf den Flirtkontext bezogen, bringt dir Rapport eine unendlich wichtige Sache: Eine beständige emotionale Verbindung zur Frau.

Als du eine Frau auf der Party angesprochen hast, lief noch alles wunderbar. Sie war sehr von dir angezogen, ihr habt heiß geflirtet und Nummern getauscht, um euch zu verabreden.

Aber die Zeit kann ein ekliger, großer Widersacher bei der Eroberung einer Frau sein.

Als ihr am nächsten Tag miteinander telefoniert, hat sich der Flirt deutlich abgekühlt und sie reagiert merkwürdig. Sie lacht nicht mehr über deine Geschichten und flirtet auch überhaupt nicht zurück. Sie wirkt insgesamt kurz angebunden und würgt das Gespräch schnell ab.

Das war ja wohl ein Schuss in den Ofen. Am Abend vorher hast du dich so in die Riemen gelegt und jetzt ist das alles auf einmal weg?

Ja, denn Anziehung und die Hitze eines Flirts sind bei Frauen unglaublich instabile Eigenschaften. Sie zerbrechen schneller als du bis drei zählen kannst – außer es gelingt dir wirksam Rapport herzustellen.

Rapport „konserviert" sozusagen die Anziehung und das Feuer. Durch Gemeinsamkeiten stellt ihr eine emotionale Verbindung her, die euren Flirt lange haltbar machen. Gemeinsamkeit muss nicht darin bestehen, dass du Tennis spielst und sie ebenfalls. Es geht darum, dass ihr bei den Themen die gleichen Emotionen teilt.

Die Leidenschaft, die du beim Fußballspielen an den Tag legst, zeigt sie zum Beispiel beim Reitsport.

Das sind zwei komplett unterschiedliche Hobbys, aber die Emotion dahinter ist das verbindende Element.

Insgesamt ist Rapport immer dann nötig, wenn du langfristiges Interesse an der Frau hast. Rapport konserviert hierbei nicht nur vom Zeitpunkt des Ansprechens bis zum ersten Date, sondern auch die Zeiträume zwischen den einzelnen Treffen.

Wenn du bisher auch den Umstand kennengelernt hast, dass du erbeutete Nummern anrufst und die Frauen partout nicht abnehmen, präsentiere ich dir hier die Lösung für dein Problem.

Ähnlich wie oben hat es auch hier an Rapport gefehlt.

Okay, nun weißt du, wie wichtig Rapport für Erfolg bei Frauen ist. Jetzt zeige ich dir, wie du ihn schnell und effektiv herstellst.

Hierbei gibt es fünf verschiedene Arten des Rapports.

Wie du im Laufe dieses Kapitels erkennen wirst, lässt sich eine Übereinstimmung zum Beispiel nicht nur bei gemeinsamen Interessen, sondern auch in vielen anderen Gebieten finden.

Die fünf Arten der emotionalen Verbindung über Gemeinsamkeit lassen sich den Oberkategorien „innerer Rapport" und „äußerer Rapport" zuordnen.

Innerer Rapport entsteht durch Worte und Gefühle, äußerer Rapport entsteht durch Körperkontakt und gemeinsames „Abgehen" verschiedener Locations.

Die ersten drei Arten gehören dem „inneren Rapport" an, wie du auf der nächsten Seite sehen wirst.

1. Alltags-Rapport

Der Alltags-Rapport ist die simpelste und einfachste Version – wie der Name schon sagt, ist er aus keinem Alltag wegzudenken.

Zum Verständnis gebe ich dir einige Beispiele aus dem täglichen Leben. Zum Beispiel eine Situation an der Bushaltestelle:

Person 1: „So ein Ärger, der Bus ist wieder zu spät." Person 2: „Ja, das ist in letzter Zeit häufiger so."

Person 1: „Ich werde wieder mehr mit dem Fahrrad fahren." Person 2: „Ja, das ist auch vernünftiger"

Aber Achtung! Ich hoffe du hast aufgepasst. Was war gerade nicht so gut in diesem Beispiel?

Richtig, das Thema. Sicherlich erinnerst du dich noch daran, dass du mit Frauen möglichst über positive Dinge sprechen sollst. Denn das ist mehr sexy!

Du kannst über Dinge reden, die sich spontan ergeben, oder Themen der Kommunikationsstruktur „vom Ansprechen bis zum Date" benutzen wie zum Beispiel:

- -Beruf / Studium
- -Hobbies

- -Aktuelle Ereignisse aus Welt und Umwelt
- -Musikgeschmack

Ein Gesprächsbeispiel dazu:

> Er: Hmm... Du wirkst so sozial und trotzdem cool, du arbeitest bestimmt als Ärztin oder?"

Entweder sie reagiert mit:

> „Ja, woher weißt du das?"

Oder mit:

> Sie: „Nein, leider nicht ganz." Er: „Ok, was machst du denn?"
> Sie: „So falsch war es gar nicht. In einer Arztpraxis arbeite ich wirklich, weil ich Physiotherapeutin bin.
> Er: „Interessant, das hatte ich auch mal vor, aber dann habe ich mich doch für etwas anderes entschieden."
> Sie: „Was denn?"

Falls sie das nicht fragt: Er: „Du wirst bestimmt nicht erraten können, was ich mache."

Sie: „Was denn?"
Er: „Ich bin Mitarbeiter des Monats bei McDonalds."

Sie guckt verwundert

Er: „Nein Scherz, ich bin Rechtsanwalt und vertrete geschiedene Männer vor ihren bösen Ehefrauen."

Von hier aus kann das Gespräch etwas tiefer gehen – in die emotionale oder wie hier gezeigt zumindest in eine etwas witzigere Richtung.

Viele Männer machen aber dann den Fehler und fahren fort mit einem Haufen an Fragen wie: „Seit wann arbeitest du dort? Wie viel Stunden die Woche arbeitest du da? Wie weit ist es zur Arbeit?"

Merkst du was? Das alles sind sehr rationale Fragen. Unter Männern in der Kneipe ist das ein ordentlicher Smalltalk, aber es ist der falsche Weg, um bei einer Frau über ein platonisches Verhältnis hinauszukommen.

Damit es nicht allzu sachlich und vernünftig rüberkommt, empfehle ich dir bei der Art und Weise der Gesprächsführung bei Studium und Arbeit in folgende Richtung zu gehen:

„Wie sehr macht dir die Arbeit Spaß? Ist es das, was du schon immer machen wolltest? Wie ist das Verhältnis zu deinen Kollegen? Kannst du dich mit deiner Arbeit identifizieren?"

Merkst du einen Unterschied?

Und du kannst sogar noch weiter gehen:

„Hat einer deiner Kollegen auf der Arbeit schon einmal eine Affäre gehabt oder sich sogar verliebt?"
„Sieht dein Chef sexy aus?"

Hier sind wir vom Thema Arbeit auf eine ganz andere Ebene gerückt. Hier geht es um eine emotionale, sexuelle und sogar „komische" Gesprächsführung.

Und an diesem Punkt ist es an der Zeit sich den Emotionen zu widmen.

2. Der Einstieg in die Emotionen

In diesem versuchen wir schon ein wenig in die Emotionen der Frau einzusteigen. Warum sind Emotionen wichtig?

Frauen sind von Natur aus emotionale Wesen. Der Mann ist von Natur aus rationaler hat sich aber zusätzlich im Laufe der Industrialisierung und des 20. Jahrhunderts immer mehr in eine verkopfte Richtung entwickelt. Dieses „Verkopft-Sein" führte dazu, dass er die Emotionen immer mehr in den Hintergrund rückte.

Frauen lieben Emotionen, sie leben nach Emotionen, schau dir mal „Sex and the City", „Friends", oder „Desperate Housewives" an. Nur eine Folge, das reicht.

Und vielleicht verstehst du schnell, warum diese Serien bei Frauen so einen hohen Zuspruch haben.

Du hast vielleicht schon im Kapitel „vom Ansprechen zum Date" aufgeschnappt, dass es nach dem rationalen Smalltalk gegen Ende hin persönlicher wurde und mehr in die Tiefe ging. Und genau das meine ich mit dem Einstieg in die Emotionen. Beim Ansprechen schneidest du die leichten Emotionen an und auf dem Date führst du sie weiter und verfeinerst sie.

Nun zeige ich dir, wann und wo die beste Zeit und der beste Ort für Rapport mit leichten Emotionen ist:

Gesprächsbeispiel:

> Du: „Wo war der schönste Ort, wo du jemals im Urlaub
> gewesen bist?
> Sie: „Ich hatte viele schöne Urlaube. Hm, das ist echt
> schwierig. Aber ich denke der schönste war auf Hawaii."
> Du: „Ja das ist sehr schön da, besonders das Gefühl am
> Strand zu liegen, sich die Sonne auf den Pelz brennen zu
> lassen, ein kühles Getränk in der Hand zu halten und
> einfach an nichts mehr denken zu müssen. Bist du eher eine
> Sonnenbaderin oder eine Aktiv- Urlauberin? Ich habe am
> liebsten eine Kombination aus beiden."

Es gibt diverse Ausprägungen von Gefühlen, auf die du mit
deinem Rapport abzielen kannst.

Positive Gefühle:

- ✓ Freude
- ✓ Spaß
- ✓ Lust
- ✓ Glück
- ✓ Energie
- ✓ Aufregung
- ✓ Abenteuer

Negative Gefühle:

 Neid
✖ Angst
✖ Hass

Lege den Fokus unbedingt auf positive Emotionen, da die Frau diese Gefühle mit dir als Person verknüpft.

Erzähle ihr zum Beispiel eine Geschichte, in der du ein Abenteuer erlebt hast, ein Ereignis, das dich unglaublich glücklich gemacht hat oder eine, in der du riesigen Spaß hattest.

Bringe sie dazu, dass sie auch solche Geschichten von sich preisgibt.

Beispiel:

> Du: „Was war das Abenteuerlichste was du jemals gemacht hast?" Du: „Was war das Lustigste, was du in deiner Schulzeit gemacht
> hast?"
> Du: „Warst du jemals richtig neidisch auf jemanden?"
> Du: „Hattest du auch mal ein richtig starkes Glücksgefühl, wo alles einfach egal war, weil du so unendlich glücklich warst?"

Übrigens: Diese Fragen lassen sie in dich investieren und zeigen dir, ob sie zu dir passt(siehe Kapitel „Bringe sie zum investieren" und das Kapitel „Kriterien definieren und kommunizieren")

Versuche aber nicht, es mit den Emotionen zu übertreiben. Dosiere sie wohl und streue sie über den ganzen Gesprächsverlauf, denn sonst verwirrst du ihre Gefühlswelt.

3. Die Tiefe der Emotionen

Das hier ist die tiefe emotionale Ebene. Wenn du hier erfolgreich agierst, entwickelt die Frau ein unglaubliches Verlangen, dich wieder sehen zu wollen. Schließlich vermittelst DU ihr diese verdammt schönen Gefühle.

Das folgende möchte ich deshalb vorneweg mit einer Warnung versehen, weil dies nicht für bösen Schabernack bestimmt ist.

Bei diesem Punkt, wenn du beginnst. Dadurch entsteht eine Vertrauensbasis und sie ist bereit, über sich zu erzählen.

Gesprächsbeispiel:

Du: „Als ich noch ein kleiner Junge war, da war für mich klar, dass ich Fußball-Profi werden wollte. Ich spielte schon erfolgreich im Nachwuchs-Kader und war mit Leidenschaft dabei. Das ging so, bis ich älter wurde. Der Leistungsdruck in der Mannschaft wurde immer größer, die Tage an denen Fußball keinen Spaß machte überwogen die Tage, an denen ich Spaß hatte. Und meine Schulleistungen wurden auf Grund des ganzen Trainings immer schlechter. Irgendwann übermannte mich das Gefühl, dass das jetzt doch nicht alles sein kann.
Und so beschloss ich – zum Entsetzen meiner damaligen Trainer – erst einmal Abstand vom Fußball zu nehmen, bis ich meine Schulleistungen wieder auf Vordermann gebracht habe. Und dann fing ich an die letzten Jahre der Schule auch zu genießen. Ich machte mein Abitur und fing anschließend an zu studieren. Es war eine schöne Zeit. Mein Versprechen, wieder mit Fußball anzufangen, geriet in Vergessenheit Gegen Ende des Studiums fing ich dann doch an zu denken, dass irgendwas vielleicht fehlt. Es gab Tage, an denen vermisste ich das Kicken richtig. So beschloss

---

> ich, wieder anzufangen, aber ohne den extremen Leistungsdruck von früher. Nun spiele ich als Amateur jeden Samstag und ich habe endlich wieder meinen Spaß am Sport gefunden."

Oder eine andere Geschichte mit einem Schuss mehr Mystik:

> Du: „Weißt du, was das schönste Erlebnis war, das ich jemals hatte?"
> Sie: „Nein, so lange kennen wir uns ja noch nicht."
> Du: „Ok, ich erzähle es dir, aber dann musst du mir auch dein schönstes Erlebnis erzählen, ok?"
> Sie: Ok, schieß los."
> Du: „Also…

Jetzt kannst du ihr von deinem persönlich schönsten Erlebnis erzählen.

4. Der wechselnde Ort

Die letzten beiden Unterkapitel behandeln die „äußeren" Rapport-Ebenen. Gemeinsamkeiten können auch auf der äußeren Ebene stattfinden. Der Ortswechsel ist für den Erfolg bei einem Treffen sehr wichtig. Dadurch, dass ihr gemeinsam an verschiedenen Orten verweilt, steigt der Rapport während dieses Dates sowie allgemein.

Ich habe hier zwei Szenarien für dich zum Nachdenken: Das erste Date-Szenario: Ihr trefft euch in einer coolen Bar und verbringt dort euer Date. Ihr seid, sprecht und flirtet ausschließlich an diesem Ort.

Nun versetze dich in die Sicht der Frau.

Wäre von dieser Bar aus direkt nach Hause nicht ein krasser Schnitt? Wie fühlst du dich als imaginäre Frau damit, würdest du mitgehen?

Das zweite Date-Szenario: Ihr trefft euch in einer Bar und trinkt dort zusammen leckeren Weißwein. Anschließend schlendert ihr gemeinsam über die Einkaufsstraße und geht danach im Park spazieren und landet schließlich am See, wo ihr ein zweites Getränk zu euch nehmt.

Wieder die Frage: Würdest du nun mit dem Mann nach Hause gehen - denk dran du bist immer noch eine imaginäre Frau! Schon eher, oder?
Ja logisch, denn das fügt sich nahtlos in die Reihe ein und wirkt wie die natürliche

Weiterführung. Nichts fühlt sich in diesem Szenario überstürzt an.

Dabei ist es übrigens egal, ob es sich um das erste, zweite oder dritte Date handelt. Wann du sie nach Hause nimmst, ist von vielen Faktoren abhängig.
Szenario Zwei ist aus mehreren Gründen vorzuziehen.

An jedem neuen Ort an den ihr geht, kommt es ihr so vor, als wäre jedes Mal ein einzelnes Treffen.

Im zweiten Szenario habt ihr euch also drei Mal getroffen, bevor ihr in die Wohnung wechselt.

Mögliche Orte deiner Dating-Tour können sein:

- ✓ Bars
- ✓ Clubs
- ✓ Schwimmbad
- ✓ Sonstiger Sport, wie zum Beispiel Tennis
- ✓ Bowling Center
- ✓ Eis Essen
- ✓ Café
- ✓ Minigolf
- ✓ Am „Wasser" (Fluss, See, Meer, etc.)

Nicht zu empfehlen:

- ✖ Kino
- ✖ Clubs, die zu laut und hektisch sind
- ✖ Restaurants

Übrigens: mit verschiedenen Locations kannst du auch verschiedene Emotionen hervorrufen. Nichts ist aufregender, als mit einer Frau z.B. etwas leicht Verbotenes zu machen.

5. Der Lebensstil-Rapport

Viele Männer machen den Fehler Rapport mit der Frau nur auf der „unpersönlichen Ebene" zu suchen. Ihr hattet bereits euer erstes Date miteinander und das war sehr persönlich, aber ansonsten verläuft euer Rapport nur aus der Ferne über SMS oder Telefon.

Der Rapport dort ist zwar auch gut, aber viel wirkungsvoller ist es, wenn du gemeinsame Zeit in deinem alltäglichen Leben mit ihr verbringst.

Zeige ihr dort wie interessant und vielfältig dein Leben ist. Lasse sie einen guten Schluck deines Lebens genießen.

Lade sie ein, wenn dein Freundeskreis feiern geht. Nimm sie mit in einen Kinofilm, den ihr euch alle anschaut. Lass sie Gast sein, wenn du und zwei Freunde frühstücken gehen.
Hierdurch ist dein Rapport nicht nur auf SMS oder Telefon beschränkt, sondern sie ist mittendrin in deinem Leben.

Beachte jedoch, dass sie nicht von deinem Freundeskreis als deine Freundin gesehen wird und stelle sie auch nicht als diese vor. Selbst wenn das deine Intention ist, wäre das in einem so frühen Stadium eher kontraproduktiv.

Dein Hauptaugenmerk ist vielmehr, eine Club-Bekanntschaft oder einen Partyflirt in dein Leben zu integrieren, um den Kontakt zu festigen und auszubauen.

Wie im Fußball ist das Finale immer der spannendste und aufregendste Part, in dem aber auch die meisten Fehler passieren können.

In diesem Kapitel geht es nicht darum, dir den richtigen Zeitpunkt für den Sex zu diktieren. Jeder Mann hat andere Vorlieben und Vorstellungen, wann es soweit ist.

Der eine sucht ihn vielleicht noch am selben Abend eines Clubbesuchs, der andere wartet mehrere Dates ab, bis er richtig intim wird. Beides ist gut und funktioniert. Lediglich die Zielsetzung ist eine andere.

Hier vermittle ich dir also Wege, wie du dein persönliches „Finale" sicher erreichst und wie du erkennst, dass auch sie bereit dafür ist.

Den meisten Männern fehlt es an den Eiern, sprich Mut, um von einem Club oder von einem Date aus die Schritte bis ins Bett ziel- und frauengerecht durchzu(ver-)führen. Wie wir gelernt haben, ist jede Frau an Sex interessiert, nur erwartet sie, dass du als Mann diese Schritte einleitest. Es ist also an dir, die Situation auf positive Art und Weise voranzutreiben.

Der Kardinalfehler

Viele Männer machen den großen Fehler, den wir im nächsten Abschnitt genau ausnutzen werden: Sie bleiben immer tendenziell zu platonisch und irgendwann hat sich das Knistern ausgeknistert und die Bekanntschaft verläuft sich im Sande.

Ich wette, auch du hast schon unzählige Situationen erlebt, bei denen du eine Frau geküsst hast, aber es ist nie mehr als das gelaufen. Und das obwohl du mehr wolltest und auch sie darauf scharf war.

Es gibt aber auch Männer, die mit Erfolg den Sex einleiten. Diese Männer benutzen oft ähnliche „Maschen" und im Laufe der Zeit durchschauen die Frauen eben jene Maschen.

Das habe ich auch früher in vielen Momenten – zu meinem Frust – bemerken müssen.

Wie zum Beispiel das eine Mal vor einigen Jahren als ich eine Bild-hübsche Frau in einem noblen Londoner Club angesprochen habe. Ich habe eine Menge Mühe und Arbeit investiert, um das Gespräch in Gang zu halten, sie immer besser kennengelernt und mit viel Anstrengung aus dem Club geschleppt.

Da saß ich nun draußen auf der Bank einer kalten Londoner Straße mit einer wunderschönen Frau. Mit einem gut einstudierten Trick wollte ich sie zu mir nach Hause holen.

Etwas kreativer als „meine Briefmarkensammlung zeigen" war ich schon – um dann zu hören, dass sie die Masche schon kennt und dass das bei ihr nicht funktionieren würde...

Da musste ich erst mal tief durchatmen.

Ich sage immer, Fehler sind der beste Lehrer, Erfolg ist der schlechteste Lehrer. Also hatte ich an dem Abend einen sehr guten Lehrer.

Dies war nur ein Beispiel, ich hatte schon viele Lehren erteilt bekommen, aber nach jeder Lehre habe ich daraus gelernt und es kam nicht wieder vor. Jetzt hast du das Glück, auch aus meinen Fehlern profitieren zu können.

Um nicht wieder mit so einem Samenstau auf einer Bank zurückgelassen zu werden, habe ich zwei Methoden entwickelt, die sicher funktionieren und nicht von Horden an Männern benutzt werden.

Die eine habe ich „Vordertür-Methode", die andere „Hintertür-Methode" getauft.

Es sind zwei verschiedene Wege zum gleichen Ziel.

Beide haben aber eines gemeinsam. Die Situation muss „eskaliert" - also vorangetrieben - werden. Deswegen nenne ich die Schritte zum Sex „Eskalation".

Folgende Situation hast du bestimmt schon einmal mit deiner (Ex-) Freundin oder (Ex-)Frau öfters erlebt. Ihr sehr euch nach einer langen Zeit wieder, kommt nach Hause und plötzlich küsst ihr euch stürmisch und reißt euch förmlich die Kleider vom Leib und fallt übereinander her als wenn es kein Morgen gäbe. Die Situation eskaliert also.

Diese Situation ist in vielen romantischen Filmen oder Komödien / Dramen, (und natürlich auch in James Bond), also im Prinzip in fast allen Filmen mit Sex-Szenen, enthalten.

Eines führt zum anderen und plötzlich passiert es.

Du solltest wissen, dass es im realen Leben nicht ganz so schnell geht. Dennoch führt auch hier eines zum anderen.

Es kann dauern -von einer Viertelstunde bis hin zu vier Stunden ist alles möglich.

Das bedeutet für dich: Um die Zeit solltest du dir absolut keine Sorgen machen, im Gegenteil. Entspannt sein ist das Motto.
Mehr zu diesen Wegen zum Sex erfährst du in den beiden folgenden Unterkapiteln. Aber vorher will ich dir erzählen, wie du leicht feststellen kannst, wie, wo und wann der Zeitpunkt gekommen ist, zum Finale zu schreiten. Ja ich weiß, ich mache es spannend!
Fangen wir mit der ersten Methode an.

Kernpunkt dieser Methode: Hier geht es darum die ganze Zeit gleichmäßig zu eskalieren, also große Sprünge zu vermeiden und die notwendigen Ortswechsel währenddessen ablaufen zu lassen.

Ich liste nun die typischen Ausgangs-Szenarios, die die Vorgehensweise der Vordertür-Methode einläuten, auf. Das Szenario im Club:

Ihr seid auf der Tanzfläche oder ihr sitzt beide irgendwo abseits auf einer Couch und es knistert so richtig.

Euer Flirt heizt sich beim Tanzen langsam immer mehr auf. Eure Hände fangen bereits an, leicht den Körper des anderen zu erkunden und ihr küsst euch. An dieser Stelle ist es nun höchste Zeit den Ort zu wechseln.

Oder ihr sitzt auf einer Couch in einer Bar oder einem Club, wo die Berührungen in einer so heißen Flirtphase schon fast zum guten Ton gehören.

Das Szenario Date:

Meistens findet ein Date in einer Bar, einem Café, am Wasser oder im Park statt. Wenn das bei dir nicht der Fall ist, mache sie ab sofort dort!

Hier gilt ebenfalls: Sitzt du auf der Couch in einer Bar, kannst du sie viel berühren. Sitzt beim Date möglichst früh nebeneinander, sodass automatisch mehr Berührungsmöglichkeiten gegeben sind. Durch die physische Nähe entsteht eine zusätzliche prickelnde, sexuelle Spannung.

Die Kunst der Vordertür-Methode ist die genaue Feinjustierung wie bei einem Schweizer Uhrenmacher. Du hast sie in diesem Fall durch das Tanzen oder die Spielchen beim Date „geil" gemacht und musst darauf achten, dass du sie einerseits ihre „Geilheit" konservierst, aber gleichzeitig auch nichts überstürzt.

Somit ist das Grundprinzip dieser Herangehensweise, ihre Erregung konstant, Schritt für Schritt zu erhöhen. Dies kannst du nicht nur durch Berührungen und Küssen bewerkstelligen, sondern auch durch Worte, wie im Folgenden dargestellt wird.

Anmerkung zum besseren Verständnis: Alle Themen und Unterkapitel bis zum Kapitel „Die Hintertür-Methode" sind Teil der Vordertür-Methode.

Die 2 Lust-Schalter

Wie du nun nicht zum ersten Mal in diesem Buch liest, sind Frauen genauso scharf auf Sex wie du und ich.

Was ist dann aber der Grund dafür, dass Männer so oft Sex wollen - ihn aber nicht bekommen?

Für die Antwort auf diese Frage begeben wir uns in die Phase vor den eigentlichen Sex. Die sexuelle Erregung ist dem Sex vorgeschaltet. Sie ist der Gefühlszustand der letztendlich zum Sex führen wird.

Das Problem ist aber nun, dass Männer und Frauen auf unterschiedliche Art und Weise erregt werden. Müssen wir als Männer nicht offen zugeben: Neben Charaktereigenschaften wie Intelligenz, Charme und Witz ziehen uns vor allem dralle Brüste, ein knackiger Arsch und lange Beine an.

Klar, Frauen stehen auch auf einen sportlichen, gut trainierten Körper und ein ansprechendes Äußeres. Aber auf etwas stehen ist nicht gleichbedeutend mit Erregung. Frauen als emotionale Wesen brauchen zusätzlich die Gefühle, die jene Erregung vollständig „anschalten."

Einen Schalter um Emotionen hervorzurufen hast du bereits an anderer Stelle kennen gelernt – und zwar die Themen zum Herstellen einer emotionalen Verbindung (Rapport). Eine Frage dort war: „Gab es eine Situation in deinem Leben, die es total verändert hat?"

Der Trick bei den nun kommenden sexuellen Fragen ist, dass eine Frau beim Nachdenken über ein passendes Ereignis sich in den Gefühlszustand dieses Ereignisses begibt.
Jetzt wird einerseits noch klarer, warum du möglichst wenig negative Themen anschneiden sollst und warum es sinnig ist, sexuelle Fragen zu stellen. Sie sind die „Abkürzung", um eine

Frau schnell zu erregen, um sie dadurch auf deine Eskalation einzustimmen und aufzuwärmen.

Das Ei des Kolumbus hast du entdeckt, wenn du diese Fragen zusätzlich noch elegant in einem kleinen Spiel verpackst.

Das erotische Fragespiel

Du: „Hey, ich finde es ist Zeit für etwas Spannendes. Lass uns mal das Fragenspiel spielen. Ich erklär dir kurz, wie es geht. Wir stellen uns gegenseitig Fragen und die Regeln sind, dass wir sie ehrlich beantworten, keine Frage auslassen dürfen und nicht alltägliche Fragen stellen. Eine Frage à la „Was ist dein Lieblingsessen?" ist also keine gute Frage. Du kannst mich jetzt einfach mal frei all das fragen, was du wissen möchtest.

Sie: „Hm okay, das hört sich nach Spaß an. Wie alt war die älteste

Frau mit der du etwas hattest?"

Du: „ Mensch, du scheinst das Spiel aber öfters zu spielen, nicht schlecht! 41 war sie. So jetzt bin ich dran: Was war deine längste Beziehung bisher?"

Sie: „Die hatte ich eindeutig von Anfang 20 bis 25, es waren fast 5

Jahre. Hmm, wie viele Beziehungen hattest du bisher?" Du: „In meinem Leben habe ich fünf Beziehungen geführt, die aus meinen Augen auch wirklich den Namen Beziehung verdient haben. Es gab aber auch Zeiten, da wollte ich einfach meinen Spaß haben und da kommen schon ein paar Techtelmechtel zusammen. Ich löse jetzt mal stellvertretend für uns beide die Handbremse. Was war der schönste Ort an dem du je Sex hattest. Und denke an die Spielregeln!"

Sie: „Jetzt wirst du aber direkt... Hm, viele sagen immer, dass Sand so kratzt. Aber ich finde das gar nicht, ich hatte auf einer weichen Decke Sex am Strand bei Nacht mit leichtem Meeresrauschen. Das war wundervoll und ich erwische mich oft dabei, wie ich in Tagträumen immer wieder daran zurückdenke. Hattest du schon mal einen Dreier?"

Du: „Aha, da kommt doch wieder die Frage zu den geheimen Fantasien der Frauen. Ja, hatte ich und zum Glück war es mit zwei Frauen. Das war echt geil, aber mit einer Frau und einem anderen Mann könnte ich mir das gar nicht vorstellen."

Du: „Wo hattest du – nach dem Bett – schon am Häufigsten Sex?"

Sie gibt eine Antwort. In der Regel ist das so etwas, wie Balkon, Auto, Sofa, Küche oder Bad.

Du: „Cool, ich hatte mal mit meiner Ex-Freundin auf einer Club- Toilette Sex. Ist aber total unbequem – und das Lustigste war, während wir dabei waren haben sie die Musik ausgemacht und jeden rausgebeten. Und natürlich hat jeder gesehen, wie wir beide zusammen aus der Damen-Toilette rauskamen"

Und noch zwei letzte Beispiele:

> Du: „Stehst du beim Mann eher auf den Arsch oder auf die Brust? Meine beste Freundin ist ganz klar der Brust-Typ, Ich stehe bei Frauen eher auf knackige Hintern."
> Du: „Meine Ex-Freundin hatte ihren Brüsten sogar Namen gegeben? Hast du auch welche?"

Bei der Gestaltung der Fragen kannst du deiner Kreativität fast freien Lauf lassen. Ich begrenze es mit einem fast, da du natürlich immer berücksichtigen musst, wie offen und freizügig dein attraktives Gegenüber generell oder zumindest gegenüber dir ist.

Wie du siehst, ist es immer eine gute Idee, nicht gleich voll in die sexuellen Fragen einzusteigen, denn das kann einige Frauen abschrecken.
Lasse sie sich erst mal an das Spiel gewöhnen, damit sie sich lockern kann. Im Laufe kannst du dann immer direkter werden.

Hast du das Gefühl, dass deine Frau hingegen sehr locker ist, kannst du auch schneller zur Sache kommen.

Es gibt außerdem noch eine weitere Abkürzung, um eine Frau fix und ohne Berührungen heiß zu machen. Hierbei machen wir uns ein Kommunikationsmittel zu nutzen, das selten bewusst gesteuert wird - unsere Augen.

Schon Humphrey Bogart machte alles richtig bei seinem berühmten Spruch: „Schau mir in die Augen, Kleines!" Wer seinem Gegenüber beim Gespräch in die Augen schaut, erhält einen Einblick in die Gefühlswelt des anderen.

In Puncto „Anheizen" bekommt diese Erkenntnis nun eine ganz neue Anwendungsweise.

Kennst du das: Du sitzt morgens in der Bahn oder bei der Arbeit und jemand gähnt. Automatisch gähnst du mit, ohne dass du dich dagegen wehren kannst. Es gehört zu unseren sozialen Fähigkeiten, das Verhalten anderer Menschen zu spiegeln. Wir spiegeln beim „Mit-Gähnen" aber nicht nur ihr Verhalten – nein vielmehr begeben wir uns kurz in jenen müden Zustand, der das Gähnen auslöst.

Die Frau durch Gähnen müde zu machen, ist nicht worauf ich hinaus will.
Aber das Wissen über das Spiegeln von Emotionen kombiniert mit der Kommunikationsstärke unserer Augen führt zu einer wirksamen Geheimwaffe.

Die „Sex-Hypnose"

Beginnen wir mit etwas, was dir wirklich gefällt. Du sitzt mit einer unglaublich aufreizenden Frau bei dir zu Hause oder noch in der Bar. Du musterst sie und fährst mit deinen Blicken ein wenig ihren Körper rauf und runter und genießt, was du siehst.

Das heizt schon ganz gut an, oder?

Das soll es auch. Denn damit du gleich einen Lust-Zustand auf deine heiße Flirtpartnerin übertragen kannst, musst du vorerst selbst in diesen innerlichen Zustand gehen.

Um die Räder so richtig durchdrehen zu lassen, steigen wir nun in eine kleine Fantasie ein. Stelle dir vor, du sitzt mit dieser Frau nicht mehr irgendwo, sondern ihr seid gerade im Bett gelandet. Und ab geht die Post!

Ihr habt so richtig heißen Sex, eure Körper prickeln vor Lust und ihr stöhnt richtig laut.

Okay, hier stoppen wir, bevor es zu pornographisch wird! Ich denke du verstehst meinen Punkt. Viele Männer sind beim eigentlichen Tête-à-tête mit der Frau zwar angeregt und scharf auf sie – in einen wirklichen sexuellen Zustand wechseln jedoch die wenigsten.

Und das ist in Zukunft genau deine Aufgabe, die auch noch Spaß macht: In deiner Fantasie bist du der Regisseur und du kannst dir mit der attraktiven Lady alles Anregende und Anzügliche vorstellen, was du willst.

Alleine diese Lust wird sich schon in einer gewissen Dosis auf sie übertragen.

Aber da geht noch viel mehr!

Erinnerst du dich an das „Starren" auf dem Date? An diesem Punkt, kannst du das wieder einbauen. Allerdings nicht unbedingt als Spiel, denn die Zeit fürs Spielen ist vorbei! Jetzt geht es voll Karacho ans Eingemachte.

Sag ihr:

> „Was ich in meinem Leben immer wieder gemerkt habe ist, dass Frauen sehr gut Emotionen erkennen können. Kannst du das auch? Schau mir mal in die Augen und versuche zu erraten, an was ich gerade denke."

Sie schaut dir in die Augen.

In dem Moment, in dem sie dir in die Augen schaut, bist du innerlich auf dem Höhepunkt deiner gedanklichen Lust-Fantasie angekommen.

Sie schaut immer noch. Vielleicht kannst du sehen, wie sich ihre Atmung verändert und sie sagt: „Oh, das ist aber schwierig…"

Du hast es erraten: Sie muss gar nicht darauf kommen, was deine Emotion im Moment ist. Du willst sie lediglich einen Blick in deine „wilden" Augen werfen lassen, um ihr Feuer so richtig auflodern zu lassen.

Fieser Trick, oder?

Wenn du das „erotische Frage-Spiel" mit der „Sex-Hypnose" verbindest, hast du zwei unglaublich mächtige Werkzeuge in der Hand. Mit deren Hilfe leitest du den Sex auf der inneren Ebene effektiv ein.

Nun wenden wir uns der äußeren Ebene zu – schauen also, was du tust, um sie zu verführen.

Im Äußeren, ist es jetzt an der Zeit an einen Ort zu wechseln, an dem ihr ungestört weiter machen könnt.

Um dir die finale Phase der Verführung zu vereinfachen, ist der Sprung in eine geeignete Location wichtig. Sprich: Bei dir oder bei ihr zuhause, im Hotel, oder überall sonst wo, wo es ein Sofa oder ein Bett gibt und ihr ungestört seid.

Jetzt ist das Problem, dass der Gang zu dir oder zu ihr manchmal auf Widerstand stoßen kann.

Dieser Widerstand liegt oft nicht darin begründet, dass die Frau keinen Sex will. Im Gegenteil in vielen Fällen ist sie heiß darauf. Ursache ist vielmehr, dass Frauen sich schnell als „Schlampe" abgestempelt fühlen, wenn sie mit einem Mann, den sie noch nicht so lange kennen, „Spaß" haben wollen.

Um diesen Widerstand gar nicht erst aufkeimen zu lassen, denke daran, an verschiedene Orte zu wechseln. Erinnere dich: Von der Bar nach Hause ist ein zu krasser Bruch. Aber von der Bar, über eine Einkaufsstraße hin zu einem Fluss…

Der andere Trick ist es eine Ausrede zu finden, warum es nun in die private Wohnung geht.

Aber Vorsicht: Es muss wirklich eine gute Ausrede sein und nichts Lächerliches. Die alte Begründung „Ich will dir meine Briefmarkensammlung zeigen" ist das Klischee für schlechte Ausreden, die viel zu eindeutig sind.

Achte darauf, dass dein Alibi kongruent ist und einen logischen Schritt darstellt.

Dafür empfehle ich dir, das „Alibi" schon eine halbe bis eine ganze Stunde vor dem eigentlichen Ortswechsel vorzubereiten. Egal ob du

- in einem Club
- in einer Bar,
- auf einem Date,
- unter Freunden oder
- auf der Straße bist.

Die Regeln für die Vorbereitung gelten immer und überall.

Mit Vorbereitung meine ich, dass du den „Samen" für deine Ausrede schon weit vorher ins Gespräch pflanzen sollst. Dadurch vermeidest du, dass es überstürzt und forcierend wirkt, was zu dem angesprochenen Widerstand führen kann.

Zum Beispiel kannst du sie früh im Flirt nach ihren Lieblingsfilmen fragen. Eine Stunde später fällt dir dann ein, dass du einen dieser Film zu Hause hast und du kannst sagen:

> Du: „Pass auf, ich habe (den Film) zu Hause. Wir könnten eigentlich die DVD schauen... Aber du musst mir versprechen, dass wir nichts überstürzen!"

Eine andere Möglichkeit ist deine Mini-Bar zu Hause, die du nebenbei erwähnst. Solltest du diese noch nicht haben, lege sie dir unbedingt an! Und eine Stunde später kannst du vorschlagen, diese mal auszuprobieren.

> Du: „Pass auf, ich habe ja meine Mini-Bar zu Hause. Wir könnten eigentlich auch bei mir was trinken, ich liebe es ja Cocktails zu mixen... Aber du musst mir versprechen, dass wir keinen Quatsch machen!"

Ein weiterer Weg ist es, dass du die ganze Zeit so tust, als ob dein Magen knurrt. Irgendwann schlägst du vor rauszugehen, um etwas zu essen.

Das ist übrigens auch in Clubs sehr gut geeignet, in denen es darum geht, sie eventuell von ihren Freundinnen zu lösen, die leider viel zu oft versuchen, sie an ihrem Spaß mit dir zu hindern.
Das Essen könnte dann bei dir stattfinden, denn die Essenauswahl nachts ist oft grausig. Nimm das als Argument deine Kochkünste zu beweisen, von denen du vor einer Stunde gesprochen hast.

Oder ihr esst tatsächlich noch in der Stadt und fahrt danach zu dir. Das wäre ein doppelter Orts-Wechsel, welcher auch seine Berechtigung hat. Hier musst du allerdings aufpassen, dass ihr rechtzeitig zu dir geht und nicht zu viel Zeit beim Essen vergeudet, denn du willst doch nicht, dass sie dir später halb einschläft.

Der folgende Kniff klingt schon fast wieder nach der berühmten Briefmarkensammlung, aber ihr Bilder vom Urlaub zu zeigen hat sehr viel Anziehungskraft, wenn du ihr vorher viele interessante Geschichten vom Urlaub erzählt hast und dann das Ende einer Geschichte offen lässt.

Wenn du es richtig anstellst, will sie dann unbedingt „das eine Foto" sehen, wo du auf deinem Surfbrett stehst oder in der Welle untergehst.

Oder vielleicht doch eher das romantische Sonnenuntergangs-Szenario aus Ägypten? Wenn du gerade kein aufregendes Foto zur Hand hast, ist es höchste Zeit ein wenig in deinem Archiv rumzustöbern – oder demnächst häufiger deine Kamera mitzunehmen.

Die „optionale" Option

Schließlich habe ich noch eine weitere Option für dich, wie du die Idee „woanders hin" zu fahren ausschmücken kannst:

Und zwar schlägst du ihr zwei Optionen vor, davon ist die eine unglaublich langweilig und die andere richtig interessant.

Natürlich ist die langweilige Option diese, nicht zu einer geeigneten Location zu fahren und die interessante Option jene, euch zu einer geeigneten Location zu bewegen.

Gesprächsbeispiel:

> Du: „Ich habe zwei Ideen. Entweder: Wir bleiben noch etwas hier, es wird aber leerer werden und fahren dann beide nach Hause, aber dann haben wir den Abend nicht richtig genossen.
>
> Oder: Wir könnten zu mir / dir / geeigneter Ort fahren, einen Film schauen, viel Spaß haben und den Abend zu Ende genießen."

(„Aber du musst mir versprechen, wir machen keinen Quatsch"). Dies kannst du optional sagen, falls du die Erfahrung machst, dass die Frauen häufiger noch ein wenig zögerlich sind. Denn oft haben sie Angst, dass du zu viele Hoffnungen und Forderungen anstellst, wenn ihr zu Hause seid. Mit dieser Aussage zeigst du ihr auf lockerer Art und Weise, dass du anders bist.

Auf dem Weg

Wichtig ist es auf dem Weg zu dir alles locker laufen zu lassen. Hier ist kein Platz für Schweigeminuten, sondern für gute Unterhaltung. Scherze rum mit den Spielchen vom Date, stelle ihr aufregende Fragen oder habt einfach ein anregendes Gespräch.

Falls du mit der Bahn unterwegs bist, solltet ihr nicht länger als fünf Minuten warten müssen, sonst kann es sein, dass sie es sich – an der kalten und nicht immer schönen Haltestelle – nochmal anders überlegt.

Bevor der Weg zu dir nach Hause mit öffentlichen Verkehrsmitteln zu lange dauert und sie abgeturnt wird, solltest du lieber das Geld in ein Taxi investieren. Denn lass dir gesagt sein, das ist sehr gut investiertes Geld!

Wenn du Zuhause angekommen bist, hast du die zwei wichtigsten Hürden geschafft.

1. Sie sexuell zu erregen
2. Mit ihr an einem ungestörten Ort zu sein

Nun steht der Option zum Sex nichts mehr im Wege.

Hier lässt du im Gegensatz zur Vordertür-Methode die sexuelle Spannung nicht kontinuierlich ansteigen, denn bevor ihr am geeigneten Ort seid, finden kein Küssen und keine erregenden Berührungen statt. Erst wenn ihr am geeigneten Ort für Sex seid, dreht ihr schließlich auf.

Somit ist es hier dein oberstes Ziel –bevor etwas zwischen euch läuft- nach Hause zu wechseln.

Denn genau das, was du gegen Ende der Vordertürmethode gemacht hast, wird jetzt vorgezogen. An dem Muster, wie ihr nach Hause kommt, ändert sich aber nichts.

Sprich: In der Vordertürmethode habe ich dir erklärt, wie du erst die sexuelle Spannung steigerst, unter anderem durch Küssen und viel Berühren, um sie dann für das „Finale" nach Hause zu nehmen.

In dieser Methode geht es darum, dass Küssen und Berühren ganz auf zu Hause zu vertagen.

So verhaltet ihr euch hierbei: Ihr sitzt auf einem Date oder in einem Club auf der Couch und unterhaltet euch. Ihr berührt euch natürlich auch viel, aber nicht über einen gewissen Punkt hinaus.

Es herrscht eine sexuelle Spannung, aber diese ist bewusst noch gering. In den meisten Fällen habt ihr euch auch noch nicht geküsst.

Und genau an dieser Stelle kommt bereits der Ortswechsel: und zwar genauso, wie du es vor ein paar Seiten gelernt hast.

Es ist viel einfacher, mit dieser Methode eine Frau zu dir oder ihr nach Hause zu bringen.

Aber dort angekommen, steht dir die Arbeit bevor, welche du in der Vordertürmethode bereits erledigt hättest. Hier ist es wichtig, dass du erkennst, ob und welche Signale sie sendet, um ihre Lust auf Sex zu zeigen. Denn dadurch weißt du: „Okay, machen wir uns auf!"

Ich gebe dir an dieser Stelle eine Liste von möglichen Indikatoren dafür. Damit die Ampel für dich auf grün geht, muss sie nicht alle zeigen, aber es sollten zumindest fünf oder mehr sein.

Die Interesse-Signale zum Eskalieren:

- Sie lächelt dich öfters an
- Sie stellt dir ständig Fragen
- Sie spielt an ihren Haaren
- Sie spielt mit ihrer Kette oder anderen Dingen an sich herum

- Sie guckt dich mit einem Hundeblick an
- Sie rückt näher zu dir
- Sie öffnet sich emotional
- Sie berührt dich öfters
- Sie benimmt sich kindisch / Sie macht verrückte Sachen
- Sie erzählt dir, wie viele Typen sie schon hatte
- Sie qualifiziert sich bei dir
- Sie testet dich
- Sie beschreibt dir zukünftige Date und Sex-Locations
- Sie gibt ein klares Statement von Interesse, wie z.B. ein Kompliment oder sie sagt, dass ihr ja mal etwas zusammen unternehmen könnt
- Sie versucht die Konversation in Gang zu halten
- Ihre Köperhaltung ist zu dir hin geöffnet
- Wenn sie einen Labello oder Kaugummi nimmt, ist das ein Zeichen dafür, dass sie geküsst werden möchte

Das Motto bei dieser Methode ist es, erst da komplett intim zu eskalieren, wo es sich auch anbietet, mit ihr Sex zu haben. Wenn du dich also schon in der Küche nicht mehr zurückhalten kannst, solltest du prüfen, ob es dort überhaupt passt.

Es ist nicht immer einfach, in ihr Schlafzimmer zu kommen oder sie in dein Schlafzimmer zu führen. Deswegen sind Sofas immer eine gute Empfehlung.

Falls du dich mal gefragt hast, ob eine 1-Zimmer Wohnung oder Hotel überhaupt einen Sinn haben, hier hast du ihn!

Es gilt der Grundsatz, die Situation vor Ort eskalieren zu lassen.

Küssen in der Hintertürmethode

Jetzt, nachdem ihr bereits zu Hause angekommen seid und du einen guten Platz für den Sex ausgemacht hast, ist es höchste Zeit, euch physisch mit einem Kuss näher zu kommen.

Ich hatte dir ja sechs Wege versprochen, wie du einen Kuss einleiten kannst.(Kapitel „Der Kuss des Abends") Hier sind Weg Nummer fünf und sechs:

#5:

Du kitzelst sie, „raufst" dich mit ihr, drückst sie leicht gegen die Wand. Dann halte einen Moment inne und schaue ihr mit einem Schlafzimmerblick in die Augen. Wenn sie so zurückschaut, dann kannst du sie jetzt küssen.

#6:

Wenn sie was "Böses" gemacht hat:

Sag ihr, "mach das nochmal und ich beiße".

Meistens macht sie es trotzdem nochmal, dann einfach leicht(!) an der Nase oder Lippe beißen und anschließend küssen.

Natürlich kannst du auch einen anderen Weg nehmen, um den Kuss einzuleiten.

Nun hast du auch bei dieser Vorgehensweise die gleichen zwei wichtigsten Hürden geschafft.

1. An einem ungestörten Ort zu sein
2. sie sexuell zu erregen

Also steht dem Sex nun nichts mehr im Wege.

Der Sex

Jetzt hast du die Vorder- und Hintertür-Methode kennen- und anwenden gelernt: Welche Methode ist nun besser?

Es gibt für die Verführung kein besser oder schlechter. Es hängt immer von vielen verschiedenen Faktoren ab, was besser geeignet ist.

Die erste Frage ist immer, was passt besser zu dir, was möchtest du? Die weiteren Fragen sind: Wie sehen die äußerlichen Rahmenbedingungen aus? Was für ein Typ Frau ist sie und wann will sie Sex? Was bietet sich in der Situation an?

Und genau deshalb habe ich dir beide Methoden als unterschiedliche Instrumente an die Hand gegeben.

Ab diesem Punkt verlaufen beide Methoden nun gleichförmig.

Wichtig als Grundbedingung ist bei beiden Vorgehensweisen das Küssen. Denn ein Kuss bewirkt nicht nur sexuelle Anziehungskraft, sondern stellt auch körperlichen Rapport her.

Um ihr beim Küssen mit dir ein gutes, angenehmes und sicheres Gefühl zu geben, empfehle ich dir, mit ihr dabei zu kuscheln und sie dabei zu streicheln. Du kannst sie während des Küssens aber auch Kitzeln um ihre Erregung zu erhöhen.

Drücke sie gegen die Wand oder aufs Bett, um sie beim Küssen noch heißer zu machen. Dabei kannst du sie zusätzlich durch den Raum tragen, um deine männliche Dominanz zu zeigen.

Es gibt außerdem zwei Geheimtipps, die Frauen innerhalb einer Sekunde auf ein anderes Level hieven:

#1: Beiße ihr ganz leicht und sanft in ihren Hals. Dies ist einer der erotischsten Momente für eine Frau.

#2: Greife ihr beim Küssen an den Nacken. Dies ist einer der romantischsten Momente für eine Frau.

Wie viel an diesem Abend passiert, ist immer noch nicht bestimmt. Deswegen lies unbedingt folgende Warnung:

Warnung

Gerade jetzt solltest du dir gewiss sein, dass sie wirklich Sex mit dir will. Schau dir noch einmal die Interesse-Signale zum Eskalieren an, um dies ansatzweise zu ermitteln. Zusätzlich empfehle ich dir meinen dreistufigen folgenden Bereitschaftstest, um zu schauen, ob gegenseitiges Interesse besteht.

Schalte aber bei einem so sensiblen Thema wie Sex nie deinen gesunden Menschenverstand aus.

Wenn sie trotz aller Erregung „Nein" sagt und eine abwehrende Körpersprache zeigt, solltest du in dem Moment mit der sexuellen Eskalation stoppen.

Der dreistufige Bereitschafts-Test

Wenn einige der Interesse-Signale zum Eskalieren zutreffen, ist es nun an der Zeit den aktiven „dreistufigen Bereitschafts-Test" anzuwenden. Hier testest du ihr Interesse an Sex.

Natürlich machst du die drei Tests nicht offensichtlich alle hintereinander, sondern in einem Zeitfenster von 10 – 15 Minuten.

1. Kitzele sie am Bauch und schaue wie sie reagiert. Hier ist nicht wichtig zu wissen, ob sie kitzelig ist oder nicht, sondern vielmehr, wie sie reagiert. Lässt sie es gerne zu oder ist sie eher abweisend?

2. Hau ihr leicht auf den Hintern und schaue, ob sie positiv reagiert.

3. Es ist Zeit für Trockenübungen. Reibt euch so aneinander, wie eure Bewegungen ohne Klamotten beim Sex aussehen würden. Wenn sie diese angezogen gerne mit dir macht, besteht eine große Chance, dass sie die „Übungen" auch ohne Kleidung ausprobieren möchte.

Sind alle drei Tests bestanden, kannst du dir sicher sein, dass sie auf jeden Fall Interesse an mehr hat.

Generelles zum Thema Sex

Zum einen ist es kein zwingendes Muss, Sex zu haben. Du kannst es auch langsamer angehen lassen. Dies gilt vor allem, wenn du auf eine Beziehung aus bist.

Und wenn du doch das Gefühl hast, dass heute Abend der richtige Moment für Sex ist: Sorge dafür, dass sie sich wohl fühlt.

Zum einen dadurch, indem du sie so behandelst, dass sie sich wohlfühlt. Sei nicht zurückhaltend, aber auch auf keinen Fall zu forcierend und fordernd. Mache auch mal ein wenig Pause zwischendurch, die du mit lustigen Sprüchen oder einem lockeren Gespräch füllst, um ihr ein gutes Gefühl zu geben.

Zum anderen hast du als äußere Bedingungen zum Wohlfühlen ein frisch bezogenes Bett, ein paar Kerzen, ruhige Musik, ein sauberes Bad und ein aufgeräumtes Schlafzimmer. Auch das gehört dazu!

Wir waren ja eben bereits bis zu jenem Punkt gekommen, an dem du schon eine hohe sexuelle Anspannung bei gleichzeitigem Rapport erzeugt hast.

An dieser Stelle machst du weiter: Drücke sie nochmal gegen die Wand, beiß ihr in den Hals, kitzele sie.

Dann könnt ihr euch gegenseitig massieren, ihr könnt einfach nur kuscheln oder ihr macht ein lustiges Rollenspiel, wie z.B. der Prinz der Rapunzel vom Schloss rettet und mitnimmt.

Wichtig ist, dass du ihr bei allem subtil vermittelst, dass du sie für alle weiteren Schritte nicht als „Schlampe" abstempelst, oder gar vor deinen Freunden von deiner Eroberung prahlst, was die Befürchtung vieler Frauen ist.

Dass kommunizierst du ganz einfach, indem du zu ihr sagst, dass das, was heute Abend passiert, ganz unter euch bleiben wird

Wenn ich Finale sage, dann meine ich auch Finale. Nachdem du nun die 2 verschiedenen Wege zum Sex, mögliche Indikatoren, dass sie ihn mit dir will, einen Bereitschaftstest und noch vieles weiteres Wissenswertes gelernt hast, kommt jetzt das Sahnehäubchen.

Eine in mundgerechte Happen unterteilte Anleitung für dich, wie du Sex dominant und anziehend einleiten kannst. Dabei gehst du Schritt für Schritt vor, damit die Frau sich wohl fühlt und immer erregter wird.

Die Intim-Leiter – In 6 Schritten zum Sex

Allabendlich passiert es in privaten Schlafzimmern in ganz Deutschland. Darsteller dieser unglückseligen Szene sind - wie sollte es bei diesem Buch auch anders sein - ein Mann und eine Frau. Beide fühlen sich sehr voneinander angezogen und sind freudig erregt.

Es ist nicht von Bedeutung ob der Mann die Frau gerade in einem Club kennen gelernt hat, oder auf dem 1. oder 99. Date mit ihr war. Er will mit ihr schlafen und zwar jetzt – schließlich hat sein kleiner Freund schon Bereitschaft zum Gefecht gemeldet.

In einigen dieser beschriebenen Szenen kommt es zu der „schönsten Sache der Welt". In vielen anderen Szenen bleibt der Coitus jedoch reine Wunschvorstellung.

Woran liegt das in diesem Fall? Die Frau ist schließlich erregt, man befindet sich an einem mehr oder weniger romantischen Ort und der Mann will Sex.

Trotzdem passiert nichts!

Klar, alle Vorbedingungen für Sex sind hergestellt. Allerdings führt das nicht automatisch zum Sex.

Ein Fahrer, der in einem angelassenen Auto mit eingelegtem Gang sitzt, sorgt alleine genommen noch für keine Bewegung des Autos. Erst wenn er die Kupplung kommen lässt und Gas gibt, fährt das Auto los.

Und genau diese Tätigkeit des „Gas-Gebens" fehlt noch als wichtigstes Element in unserer Szene. „Gas-Geben" meint in diesem Fall Sex aktiv einzuleiten.

Viel zu viele Männer hoffen einfach, dass Sex an dieser Stelle einfach so passiert.

Was ist aber, wenn Frauen ebenfalls diese Hoffnung vertreten? Dann haben wir zwei Seiten, die beide das Gleiche wollen, aber nichts dafür tun.

Aus diesem Grund habe ich ein einfaches Schrittsystem, wie du eine Frau zum Sex führen kannst. Die Vorbedingungen hierfür hast du bereits kennen gelernt und hier erlernst du die physische Eskalation des Ganzen.

Dieses Beispiel setzt dort an dem Punkt an, wo du die Frau in deiner oder ihrer Wohnung bereits küsst.

Die Sex-Leiter

Dieses spezielle Küssen macht der Frau nicht nur klar, in welche Richtung du gehen willst, sondern stimuliert sie auch weit mehr als „normales" Küssen.

1. Liebkose ihr Ohr: Die nächste Steigerung besteht darin, sie an dieser Stelle heiß zu machen. Gehe mit deiner Zunge in ihre Hörmuschel und bewege sie dort ein wenig. Beiße sanft in ihr Ohrläppchen und atme zum Abschluss mit deinem Mund zwei- bis dreimal in ihr Ohr.

Das Ohr findet viel zu selten Berücksichtigung beim Verführen einer Frau, obwohl die meisten alleine durch die bloße Atmung ins Ohr schon ganz „wild" werden.

2. Küsse ihren Hals: Nachdem du dich mit ihrem Ohr beschäftigt hast, kannst du in einer Bewegung vom Ohr aus dich ihrem Hals zuwenden. Küsse sie entlang der Seite ihres Halses mehrmals an verschiedenen Punkten.

Beiße sie auch hier einmal, aber wirklich nur leicht, da Frauen mögliche „Knutsch-Flecken" nicht gerne in Kauf nehmen.

3. Fahre mit deinen Küssen ihr Schlüsselbein entlang. Hierbei musst du ihr Oberteil ein wenig zur Seite schieben, damit du das ganze Schlüsselbein entlang fahren kannst.

4. Zeige Dominanz: Frauen stehen auf dominante Männer. Und besonders wichtig ist ihnen diese führende Art vor dem Sex. Also zeige hier deine Dominanz, um die Frau unvorstellbar zu erregen.

Wenn du sitzt, dann ziehe sie auf deinen Schoß. Aus dem Sitzen - mit ihr auf deinem Schoß - stehst du nun auf. Dadurch demonstrierst du deine männliche Stärke.

Während du sie auf diese Weise trägst, dränge sie behutsam(!) gegen einen Schrank oder eine Tür.

Sex muss wild sein und ist so richtig gut, wenn die animalische Seite der Menschen geweckt wird.

Durch das behutsame Auftreffen entsteht ein Geräusch, das sie anturnt, aber gleichzeitig kann dabei keinem von euch etwas passieren.

Damit das so bleibt, achte auf folgende Sicherheitsvorkehrungen:

- halte eine deiner Hände hinter ihren Kopf, damit sie sich diesen nicht stoßen kann
- dränge sie nur gegen Holztüren oder Schranktüren, da diese den Druck zu den Seiten entweichen lassen

Wenn ihr bereits beide steht, schiebe sie einfach langsam und sicher gegen die nächste Wand.

5. Führe sie zum Bett: Du hast nun alle Schritte getan, um den Sex einzuleiten.

Bringe sie nun noch zu dem Ort, wo die „Magie passieren" kann.

Nimm sie erneut hoch und setze sie dann sanft auf dem Bett ab, oder führe sie an der Hand dorthin.

6. „Aufwärmen": Okay, okay ganz am Ziel bist du natürlich noch nicht. Denn zu jedem guten „Sport" gehören Aufwärmübungen. Es geht mir hier weniger darum, dass ihr euch ausreichend dehnt.

Vielmehr spielt ihr den sexuellen Akt einmal durch, indem ihr euch noch bekleidet aneinander reibt. Massiere dabei mit einer Hand ihren Po und gehe mit der anderen unter ihr Oberteil um mit dieser über ihren Rücken zu fahren.

Anschließend seid ihr wahrscheinlich so heiß, dass eure Kleidung beinahe wie von selbst von euren Körpern fliegt!

An dieser Stelle ist auch noch ein äußerst wichtiges Wort der Warnung angebracht. Beachte trotz deiner führenden Rolle auch immer das „Feedback", das dir eine Frau gibt.

Lehnt sie einen dieser Schritte ab, indem sie es ausspricht oder deine Hand wegschiebt, dann ist das ihr gutes Recht.

Sex passiert zwischen zwei „Parteien" und jede dieser Parteien hat ein Veto-Recht.

Ein „Nein" von ihr solltest du auch als ein „Nein" auffassen!

Zurück zum Thema: Wenn du für noch heißere Stimmung sorgen willst - In diesem fast nackten Zustand kannst du dann erneut zu für ein paar Minuten zu Trockenübungen übergehen, damit sie sich an diesen neuen Ganzkörperkontakt gewöhnen kann.

Anschließend ziehst du ihr ihre Unterwäsche aus und die „schönste Sache der Welt" kann beginnen…

Nun lieber Leser bist du am Ende dieses Buches angelangt. Es ist jedoch kein wirkliches Ende - Im Gegenteil: Du stehst am Anfang von ganz vielen neuen schönen Erfahrungen, die du in Zukunft genießen wirst.

Wenn du alle Tipps und Schritte dieses Buches konsequent umsetzt, wirst du dein dir persönlich gestecktes Ziel mit Frauen definitiv erreichen.

Vielleicht suchst du die Liebe und die eine Frau fürs Leben, oder möglicherweise willst du einfach mit ganz vielen attraktiven Frauen schlafen - was es auch ist, ich wünsche dir viel Spaß und Erfolg auf deinem Weg!

Genieße die wunderschöne Reise,

dein
Walter Bodhi

Ebenfalls erschienen:

Walter Bodhi: Erobere deine Traumfrau, ISBN 978-3749402571. Auch als E-Book mit der ISBN 978-3749402571 erhältlich. 2019 bei Books on Demand erschienen.

Walter Bodhi: Flirt-Wissenschaften. ISBN 9783732256075.
Auch als E-Book mit der ISBN 9783732277292 erhältlich. 2014
bei Books on Demand erschienen.

Walter Bodhi & Ben Schwarz: Routinen Handbuch (Das System der Verführung). ISBN 978-3842327986. Auch als E-Book mit der ISBN 99783844855180 erhältlich. 2011 Bei Books on Demand erschienen.